世界历史未解之谜▼

GREAT MYSTERIES OF WORLD HISTORY

刘恒 编著

延边大学出版社

图书在版编目(CIP)数据

世界历史未解之谜 / 刘恒编著. — 延吉：延边大学出版社，2012.6

（青少年“博识教育”泛读文库）

ISBN 978-7-5634-3877-8

Ⅰ. ①世… Ⅱ. ①刘… Ⅲ. ①世界史－青年读物②世界史－少年读物Ⅳ. ①K109

中国版本图书馆CIP数据核字(2012)第135300号

世界历史未解之谜

编　　著：刘　恒
责　　编：林景浩
出版发行：延边大学出版社
社　　址：吉林省延吉市公园路977号　邮编：133002
电　　话：0433-2732435　传真：0433-2732434
网　　址：http://www.ydcbs.com
印　　刷：北京龙跃印务有限公司
开　　本：16K　710×960毫米
印　　张：10印张
字　　数：150千字
版　　次：2012年6月第1版
印　　次：2016年11月第2次印刷
印　　数：1-3000
书　　号：ISBN 978-7-5634-3878-5
定　　价：39.80元

世界历史漫长而又耐人寻味，在其进程中，还存在着众多悬而未解的问题。诸如金字塔的神秘力量、埃及艳后芳魂归处、拿破仑死因何在、耶路撒冷重宝遗失何处、百慕大迷雾重重、尼斯湖怪兽神龙见首不见尾、不明飞行物造访地球等，这些历史疑案极富传奇与神秘色彩，有的还包含着理解历史演进的关键细节，它们所散发的神秘魅力，像磁石般吸引着人们好奇的目光，并刺激着人们探究其真相的强烈兴趣。在对种种历史谜题的破译和解析中，人们不仅能获得知识上的收益，也可以得到愉快的精神体验。

本书以一种新的视角来研究和探索历史，针对各个历史谜题，参考大量历史文献、考古资料，并吸收最新的研究成果，通过严肃而科学的分析论证，去伪存真，作出令人信服的结论。全书分为科技、战争、宗教、政事、文化、宫廷六个部分，时间上贯穿远古人类直到当今社会；内容上基本涵盖历史领域中政治、经济、军事、科技、文化、宗教等方面。在写作风格上，力求通俗易懂、精确生动，将历史疑点与谜团用深入浅出的语言叙述出来，注重其中的知识性和可读性，以符合不同层次读者的阅读需要。同时，通过简洁明朗的版式设计把大量精美的图片和文字表述有机融合。所选图片包括历史遗迹、经典名画、人物雕像、教堂壁画、经典建筑以及一些珍贵的历史照片、卫星拍摄的照片，还有一些难得一见的水下摄影等。这些图片是对人类探求历史真相的真实纪录，为读者提供了无限的想像空间和广阔的文化视野。

本书对历史未解之谜的探索，史料与实物证据并举，使众多富有传奇色彩的历史谜题掀开其神秘面纱，给人们一窥真相的阅读快感。在这种严肃而充满趣味的探索中，不但披露了大量鲜为人知的细节，再现了历史的丰富与变幻，同时让读者从中获得思考与发现的乐趣。

不足之处，望学界专家、广大读者批评指正。

目录

CONTENTS

1 科技 SCIENCE AND TECHNOLOGY

2 战争 WAR

3 宗教 RELIGION

4 政事 POLITICAL EVENTS

5 文化 CULTURE

6 宫廷 ROYAL COURT

科技

战争

宗教

世界历史未解之谜

政事

文化

宫廷

1

世界历史未解之谜

科技

Science And Technology

一

宇宙是由大爆炸产生的吗?

YU ZHOU SHI YOU DA BAO ZHA CHAN SHENG DE MA

宇宙是怎样起源的?这是当今最大的谜。目前，在这一问题的研究中，大多数科学家接受的是“大爆炸宇宙学”。这一学说认为，一个温度极高、体积极小的奇点是形成宇宙的最原始物质。在距今150亿~200亿年前，由于某种特殊的物理原因，这个火球发生了大爆炸。物质的密度随着空间膨胀、温度降低逐渐减小，原始存在的质子、中子等基本粒子结合成氘、氦、锂等元素，这些元素又逐渐形成星系、星系团，并逐渐形成恒星、行星，而且在漫长的历史时期里，一些天体上还出现了生命现象，成为今天这个样子的宇宙。

有利于大爆炸学说的证据越来越多。在1991年4月23日的美国物理学会会议上，天文物理学家乔治·穆斯特宣布，他领导的科学小组发现了宇宙诞生初期的物质云团，从而给大爆炸学说以强有力的支持。他们的这一发现引起世界科学界的极大关注，斯蒂芬·霍金被认为是继爱因斯坦之后最杰出的物理学家，他于4月24日发表声明说：“这是本世纪最重要的发现。”

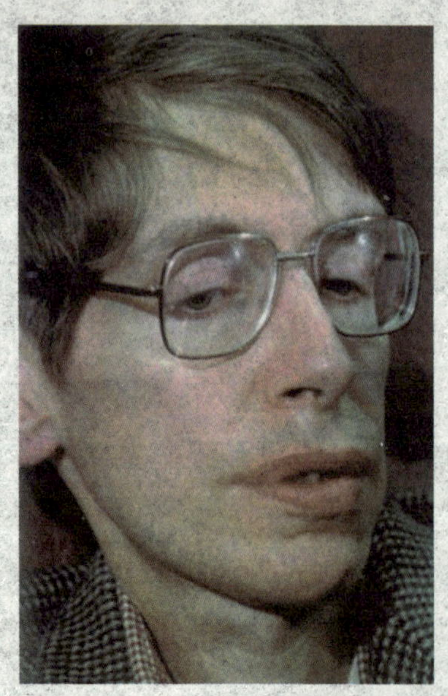

霍金像

观测到的很多现象都可以用大爆炸学说来解释。例如，天文学家观测到远处的天体总是远离地球而去，这证明宇宙仍在膨胀；各种天体的年龄都在200亿年以内，这也符合该学说有关大爆炸后才形成各种天体的推论。另外，宇宙背景辐射的存在也在大爆炸理论中得到了成功的预言。该学说预言在大爆炸之后、星系形成之前宇宙的结构应当是云团。这一巨大云团的发现证实了大爆炸学说的预言，通过对这一云团的观测，科学家可以对宇宙初期的情景作进一步的推测。

而且，这一巨大云团的发现也使科学家的另一个预言得到了证实，即宇宙质量的90%存在于“暗物质”中。以往天文学家观测到的宇宙总质量远小于理论上计算出的宇宙总质量。这些“消失”了的物质被称为“暗物质”。宇宙的未来直接决定于“暗物质”的多少：如果宇宙总质量小于某一数值，那么它将像现在这样无限制地膨胀下去；如果它的总质量大于这一数值，那么天体之间的引力将使宇宙停止膨胀，并且慢慢收缩，形成宇宙“大坍塌”，直至再一次成为一个温度极高、体积极小的火球。

宇宙背景辐射信号图

美国的两位射电天文学家——彭齐亚斯和威尔逊宣称发现一种来自太空一切方向而又无法消除的均匀微波噪声。

远方星体爆炸产生的巨大亮光

古埃及的“木鸟模型”与外星人有关吗？

GUAI JI DE MU NIAO MO XING YU WAI XING REN YOU GUAN MA

人们在埃及的一座4000多年前的古墓里发现了一个与现代飞机极为相似的模型。这个模型是用古埃及盛产的小无花果树木制成的，重约31.5克。发现之初，人们还不知道什么是飞机，便把它称为“木鸟模型”。这个模型现在存放在开罗古博物馆中，编号为“物种登记”第6347号，仔细想来，人类史上的第一架飞机直到1903年才出现，那么，在4000多年以前的飞机模型从何而来呢？

1969年，考古学家卡里尔经仔细分析和研究，断定这是飞机模型，而绝不是“鸟”的模型。因为埃及古墓里飞鸟模型有着共同的特点：都有鸟足，样子多为半人半鸟状。而这个模型只有头部像鸟，其他部分都具备现代飞机的特点：有一个平卧的机体，一对平展的翅膀，尾部还有垂直的尾翼。

卡里尔博士组织了大量专家对其进行分析和研究，以弄清这架飞机模型的本来面目。专家们认为，这个模型具备了现代飞机的基本特点：机身长5.6英寸，两翼平展跨度7.2英寸，嘴尖长1.3英寸，机尾垂直，尾翼上有一个类似现代飞机尾部平衡器的装置。尾翼的外形设计完全符合空气动力学原理，更重要的是，其特点使机身有巨大的上升力。机内

美国B-52轰炸机

各部件的比例也经过了精确的计算，设计得非常精确。所以，专家们断定，这绝不是一件简单的玩具，一定有人经过了反复的计算和试验后才制作了这个模型。后来，在埃及其他一些地方，人们又陆续找到14架这样的飞机模型。古埃及人掌握了这样的技术吗？

在南美洲的一些地方，人们发现了一些与之类似的奇妙的飞机模型。还有更令人难以相信的事情，在哥伦比亚，人们在地下约530米深的地方，挖出了一个古代飞机模型，这个黄金做的家伙竟然跟美国的B—52轰炸机十分相似。

这所有的一切应该如何解释？埃及的飞机模型与南美的飞机模型之间有什么内在联系？据考古发现，4000多年前人类的技术根本无法制造飞机，那么这些精确的飞机模型又是谁设计的？人们回答不了这个问题，也只有寄希望于外星人。究竟事实的真相如何，还待于进一步的研究确定。

不明飞行物

古代银币上雕有飞碟状的飞行器

莱特兄弟制造的飞机

谁能想象，在地球上出现第一架飞机前，世界上早已存在极其现代的飞机模型呢？

底比斯的卢克索神庙中庭的第二塔门

古印度人制造宇宙飞船之谜

GU YIN DU REN ZHI ZAO YU ZHOU FEI CHUAN ZHI MI

在人们的印象中，高速飞行器械肯定是现代人的发明。但是，考古学家的发现却给出了不同的答案。因为，考古发现，古人不但能够造飞行器械，还能造宇宙飞船。

近年来，人们竟然根据印度古文献仿造出了飞行速度达5.7万公里/小时的飞船。当然，从现代科技的角度去看，也许这是小事一桩。这份文献是从一座倒塌的史前时代的庙宇地下室中发现的，这份资料以古代梵文木简写成。而这种飞船就是大名鼎鼎的“战神之车”。

空中拍摄的凯巴山口照片

公元前2000年期间，雅利安人通过这个山口来到印度次大陆，改变了印度河平原上居民的生活和文化，并缔造了一个新的文明。

母亲女神摩亨佐·达罗赤胸陶像

这份资料详细记载了“战神之车”飞船的驱动方式、构造、制造飞船的原料乃至飞行员的训练与服装等众多细节，篇幅达6000行之多。据记载，“战神之车”的飞行速度如换算成现代计算单位应为每小时5.7万公里。

恒河风光

这就是说，当人类发明了火车、飞机、飞船并为自己的发明所陶醉的时候，他们根本就没有想到，这些看来非常现代化的工具在几千年前就可能已经存在了，这真让科学家们尴尬了一回。

说起“战神之车”，还要从印度南部古城甘吉布勒姆的424座神庙说起。这些神庙据说最多时曾达到1000座，因而“寺庙之城”就成为这座城市的当之无愧的称号。在这些神庙中，除了湿婆、毗湿奴、黑天、罗摩等众多古印度的神灵雕像外，还有一种飞船的雕塑。这种被雕成不同样式的飞船上面刻有众多神话人物，但“战神之车”却是它们共同的名称。据说这些飞船就是这些神话人物乘坐的坐骑。

研究者们发现，“战神之车”是一种多重结构的飞船，绝缘装置、电子装置、抽气装置、螺旋翼、避雷针以及喷焰式发动机都装备在了飞机上。文献中多次指明飞船呈金字塔形，顶端覆盖着透明的盖子。这简直就是传说中的飞碟。

这份文献是1943年从印度南部的迈索尔市梵语图书馆一座倒塌的庙宇地下室中发现的。这些神话故事因为它的发现开始变得更加扑朔迷离了，究竟这些人是神话人物还是真实人物？究竟这种飞船是地球人所造还是外星人所造？连科学家们也无法回答这些问题。

古希腊出土的青铜飞船模型

古希腊也发现了宇宙飞船，它与古印度的“战神之车”似乎有某种联系。这不禁让人猜想，古代地球上真有过外星人光临吗？

驾驶方法也被记在这份文献中，也就是说早在史前时代，飞船和飞船驾驶员就出现在了印度这个地方，这样看来，人类的科技真像魔鬼一样神奇。

当然，人类科技的发展是从当代和现代才开始的，这已被众多的事实所证明，那么，对古印度的飞船就只有一种解释看上去显得合理一点，那就是根本就不是人类建造了这些飞船。也许那时的人们看到了一个这样的飞船，而这个飞船却是外星人乘坐着到地球上来考察的，然后根据这个也许被外星人废弃了的飞船，当地人仿造出了其它的飞船，而他们将那些外星人当成了神仙供奉起来了。

古希腊人制造过齿轮计算机吗?

GU XI LA REN ZHI ZAO GUO CHI LUN JI SUAN JI MA

在20世纪初，一位采集海绵的希腊潜水员在安蒂基西拉海峡的水底看到一个巨大的黑影。他游过去一看，发现是一艘古代沉船的残骸，这令他大吃一惊。这个突然的发现使他十分激动，他又一次潜下水，仔细察看，发现有大理石雕像和青铜雕像装在古船里面。

不久人们打捞上这条沉船。经专家考证，这艘古船沉没在水下已达2000年之久。也就是说，它沉没于公元之初。有关组织马上采取措施保护船上珍贵的古代艺术珍宝。

古希腊出土的青铜太阳系仪

在古老的希腊就有精密的机械装置。

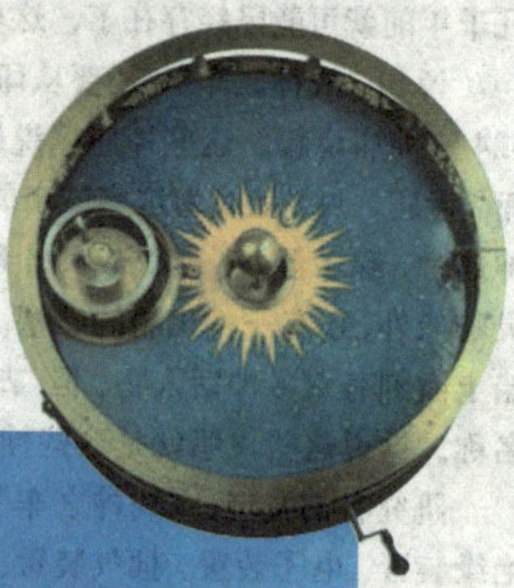

帕特农神庙遗址

然而，又发生了另一奇迹，而它的价值，所有雕像都不能及。

在工作人员分析、清理船上物品时他们发现有一团沾满锈痕的东西夹在无用的杂物中。在认真的处理后，人们发现那里面有青铜板，还有一块上面刻有精细的刻度和奇异的文字，有被机械加工的铜圆圈残段。专家们马上意识到这圆圈意义重大，这种东西怎么会出现在古代船上呢？

在认真地拆卸、清洗它2次之后，专家们更加惊异了。那许多的细节部分清洗后竟是一台由复杂的刻度盘、活动指针、旋转的齿轮和刻着文字的金属板组成的机器，经复制发现它由20多个小型齿轮、一种卷动转动装置和1只冠状齿轮组成，一根指轴在一侧，指轴的转动会带着刻度盘以各种不同的速度转动。青铜活动板保护着指针，板上面有供人阅读的长长的铭文。

美国学者普莱斯用X光对这台机械装置进行了检查，最后断定它是一台计算机，太阳、月亮和其他一些行星的运行都可以用它来计算。据检测，它制造于公元前82年。世人都为之惊异。要知道，是在1642年帕斯卡尔才发明了计算机，而且当时他制造的计算机械十分不准确。虽然希腊人被人们公认是古代最有智慧的民族，但人们对这台古代计算机的出现，还是感到不可理解。

还有，这个机械装置全部是由金属制成的，精密的齿轮转动装置也在其中使用。而人们都知道是在文艺复兴时代才使用金属齿轮转动的。这涉及到必须具备钳、刨、铣等机械加工工具才可以制作它，而在古希腊是根本就不存在这些工具的。

于是人们又提出这样一个问题：到底是谁制造了这台“安蒂基西拉机器”？

有人说，如果确是古希腊人制造了它，那么恐怕要彻底改写古希腊科学技术的历史。但又无法进行这样的改写，因为只有这个计算机的证据，人们并不知道它的制造者。在古希腊和其他一切古代民族的文献中，关于计算机机械的记载也从未发现过。

如果不是古希腊人制造了它，那么必定是远比古希腊人更聪明、工艺水平和科学技术水平也要高得多的智慧生命制造了它。

海底打捞起来的古希腊青铜塑像

阿波罗战车出征画

在太阳还停留在神话中的希腊，居然已经有了测量日月星辰运动的计算机，实在令人惊奇！

欧洲也发明活字印刷术了吗？

OU ZHOU YE FA MING HUO ZI YIN SHUA SHU LE MA

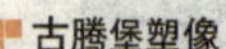
古腾堡塑像

中国的雕版与活字印刷是不是传到了欧洲，从而成为欧洲活字印刷的先声呢？对此，行家们的回答各不相同。

多数学者持这样一种观点，即中国的雕版印刷传到了欧洲。尽管尚没有充分的直接证据，然而他们还是坚持这一点。有人提到公元9世纪威尼斯就印过《古兰经》，但因此书并未留存至今，人们对此说法难以相信。很多东方学专家认为阿拉伯人对印刷术不怎么爱好，所以直到14世纪蒙古大军西征时，中国雕版印刷才传到欧洲。1423年的《圣克利斯多夫像》是现有最早的欧洲雕版印刷品。早在1550年，意大利的约维斯对葡萄牙人从中国带回的几本雕版书进行了细致深入的研究，事后他得出欧洲的印刷术渊源于中国的结论。卡特对中国雕版印刷导致了欧洲活字印刷的发明这一说法予以肯定，根据是从雕版走向活字既然是中国人走过的历程(但未最后成功)，欧洲人也必会有此经历。他指出，欧洲最早的雕版印刷中心即荷兰、德国、意大利等国后来也是最早发展活字印刷的国家。此外，他还指出雕版对于拉丁字母不太适合，所以在欧洲不怎么受欢迎，因而很快适应拉丁文的活字印刷就代替了它。显然，铸造20几个字母同铸造数以万计的汉字相比要简单得多。

西方也有一些人认为欧洲的活字印刷完全是独自发展起来的，与中国无任何关系。绝大多数严肃的学者对这种抱有明显偏见的观点不能苟同。卡特明确指出，如果说欧洲和中国的“印刷术完全各自独立发展，毫无联系，那简直令人难以置信”。不过，中国印刷术是通过什么途径传到欧洲，又是怎样促使欧洲发明活字印刷的？这一问题还没有圆满的答案，很多地方还是不怎么清楚。

谁又是欧洲最早发明活字印刷的人呢？普

遍认为是德国的古腾堡。古腾堡是德国美因兹城的金工，在1400年前后出生，经过刻苦研究，他铸造了金属活字，手摇压印机也是他制造出来的。1450年左右，古腾堡印行了《最后的审判》、《天文历书》、《拉丁语语法》3种书，人们普遍认为这是近代印刷术诞生的标志。但现在找不到上述3本书了，1455年古腾堡印制的有名的《四十二行圣经》有48部留存至今，成为无价的宝贵文物。古腾堡的发明早已得到世界公认，马克思给予活字印刷术以高度评价，认为活字印刷是文艺复兴时期最伟大的发明，它还被雨果称作“一切革命的胚胎”。

但是法国、荷兰都宣称金属活字是他们的人最先发明的。古腾堡早年曾到过法国斯特拉斯堡研究活字印刷，有人就据此认为法国有人比古腾堡更早发明活字印刷。特别是在荷兰，15世纪就流传这么一个说法，即哈勒姆城一个叫考斯脱的人发明了活字印刷，并且比古腾堡早得多。荷兰人一直把考斯脱当作他们的民族英雄，他的铜像至今还矗立在哈勒姆中心广场。

《古腾堡圣经》内页

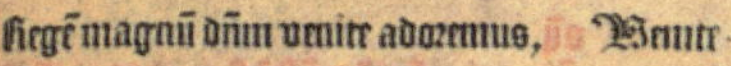

印制彩色字符的活字及16世纪的诗集内页

印第安人的人头缩制术是怎样发明的?

YIN DI AN REN DE REN TOU SUO ZHI SHU SHI ZEN YANG FA MING DE

西方人想躲避灾祸，会敲敲木头或采取一些什么魔法对付给自己造成威胁的人，你会认为他们的做法很可笑吗?可能你的嘲笑十分有道理。但有时不少抵挡敌人的原始仪式和方法又似乎能起作用，或者以前曾经起作用，也许正因为大家知道这些方法被别人用过，所以可以恫吓敌人。希瓦罗族印地安人的事例就说明了这一点。南美洲被西班牙人征服之后，希瓦罗族是少数残存下来而且保留自己民族特征的印第安部族之一。

公元前1450年前后，鲟卡部队在尤潘基的率领下攻打基多王国南厄瓜多一个省份，当时军中传说这一次征战意

印第安民族的传统服饰

全副武装的印第安人泥塑像

威风凛凛的印第安战士，连同充满恐怖色彩的人头缩制术，令敌人闻风丧胆。

义重大。本来印卡士兵全部训练有素，勇猛好战，但这一次是一帮特殊的希瓦罗族战士作为他们的对手，因此印卡部队不免有点犹豫。希瓦罗人对缩制敌人人头很在行，并且满足于砍下敌人脑袋留作战利品，这人头被他们缩成拳头那样大小，死者不散的灵魂也永不得翻身。

印卡人倒不怕被人砍掉脑袋拿去当战利品炫耀，因为这也是他们的惯施之技。3000年前这种习俗在南美洲十分普遍，没有什么可奇怪的。但印卡人相信头脑内藏有灵魂，所以最怕灵魂受制不得脱身。希瓦罗人缩制人头为的正是要把敌人的灵魂牵制住。希瓦罗人在把人头缩制之前，仿佛要举行某种仪式，以使脑袋里的灵魂不能报复杀死他的人。

尤潘基取得了那场战争的胜利，可是希瓦罗人并不屈服，希瓦罗人原在丛莽中居住，打败后随即躲入丛莽中。

印第安人面具

为了炫耀胜利，别的部落民族战士才砍下敌人脑袋，而希瓦罗人却要举行仪式来缩小敌人的脑袋，使干瘪头皮困住敌人的灵魂，不再兴风作浪。否则，死者的灵魂即会报复杀害他的人。希瓦罗人相信死者灵魂若不用这种方法禁锢起来，自己将永无宁日。因此，如果说希瓦罗人也有害怕的事物，那就是敌人那逃掉的灵魂。

印第安人的头饰

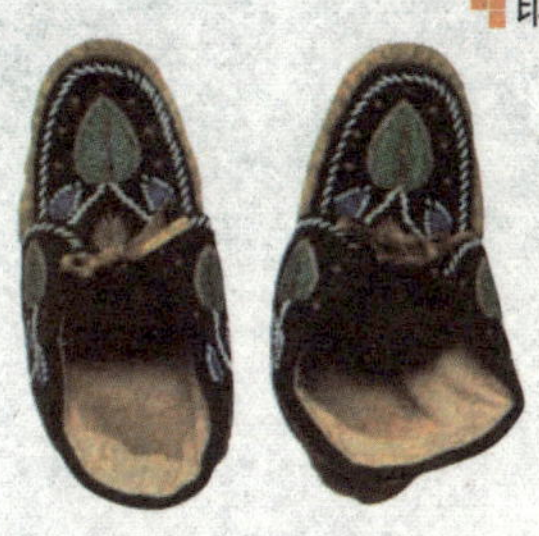
印第安人花鞋

希瓦罗人割取的脑袋大都是近邻阿希亚利族人的，因为这两个部落水火不容，世世代代互相仇杀。如果找不到阿希亚利人，希瓦罗各部落之间也会爆发战争，但是战斗中只限一般的打斗，一条规定被双方严格遵守，就是不得把脑袋砍掉。缩制猎回的人头通常要好几天的时间，或者是在武士回乡后，再进行缩制工作，不然就常在凯旋途中举行缩制仪式。在每一次缩制过程中，都要有大吃大喝和跳舞的仪式。缩制好的人头，要缝合两眼上下眼皮，以使一心想报复的灵魂无法看到外间世界。

锋利的匕首

古老的德国城堡

莱布尼茨发明二进制与《周易》有关吗？

LAI BU NI CI FA MING ER JIN ZHI YU ZHOU YI YOU GUAN MA

莱布尼茨是德国自然科学家、唯心主义哲学家、数学家。世人都称他和牛顿是微积分的创造人。他对帕斯卡的加法器进行了改进，设计并制造了一种手摇的演算机，提出了他认为吻合中国“先天八卦”的二进制，后代计算技术的发展受到影响。

莱布尼茨像

关于莱布尼茨发明二进制与《周易》是否有关，至今仍说法不一，几种观点较为常见：英国剑桥大学的李约瑟——《中国科学技术史》的作者，曾经深入地研究过莱布尼茨的生平，认定二进制应起源于八卦和《易经》。李约瑟说正是受到了东方这些古老图书的启示，莱布尼茨才完成了他的创造。传说莱布尼茨年轻时，曾在巴黎游历，在那里发明了对数表，感觉自己非常伟大，恰好一个曾经到过中国传教的教士带了一轴以拉丁文翻译的名为《伏羲六十四卦方位图》的画卷送给他。对此莱布尼茨非常感兴趣，他认真地研读它，经常苦思其中的奥秘，终于有一天他想通了，想到建立二进制，并将自己的数学发明弃置一旁，对东方人的智慧赞不绝口。他以二进制数学把六十四卦的奥秘说得很明白；八卦中一两个符号及其排列方法，可以使等比级数、等差级数、二元式(二进位)、二项式定理、逻辑数学以反电磁波、音响、连锁反应等原理贯通起来。

一种早期的加法机

另一种观点认为，17世纪末叶，与在华传教士白进、闵明我等人的通信联系中莱布尼茨知道了八卦图和《周易》。

还有一种观点认为，莱布尼茨发明二进制与《周易》无任何关联。这种观点认为，《周易》卦序与二进制数学毫无关系，甚至有学者指出宋代邵雍所创制的六十四卦方位图“不能算二进制数学”，它们“只不过可以译成二进制数码，却没有二进制算法蕴含其中”。郭书春在1987年11月17日《科技日报》著文认为只要把莱布尼茨发明二进制与他和传教士白进的交往时间表列出来，一切都可解释清楚。1679年3月15日，莱布尼茨的《二进制数学》初稿完成，1696年，莱布尼茨对二进制问题再次给予了关注，送给奥古斯特大公一枚以二进制表为背面图案的纪念章。他还向赴中国的传教士详细介绍了二进制原理。莱布尼茨与在中国的法国传教士白进交往始于1697年。1701年2月15日，莱布尼茨给白进写信，对二进制原理进行了详细说明，白进收到信后发现了中国的六十四卦图与二进制的共同之处。4月7日，莱布尼茨将他的论文《关于仅用0与12个记号的二进制算术的说明，并附其应用及据此解释古代中国伏羲图的探讨》进行修改补充后再送到巴黎科学院，要求公开发表，二进制才被众人所知。然而，莱布尼茨和白进都不知道，他们所说的“伏羲六十四卦图”既不是伏羲创造，更不是《周易》的，而是北宋哲学家邵雍创作的。

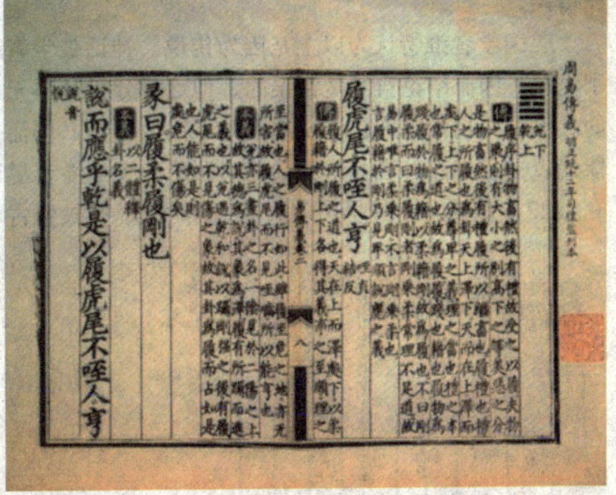

履虎尾不咥人亨

彖曰履柔履剛也

說而應乎乾是以履虎尾不咥人亨

《周易》内文

古老的《周易》真的包含了二进制思想吗？

火箭是哪个国家最先发明的？

HUO JIAN SHI NA GE GUO JIA ZUI XIAN FA MING DE

首先在《兵法十二篇》中提出拜占廷皇帝列奥六世(公元866～912年)时士兵用的一种投火器，很有可能是火箭，是意大利人瓦尔图在1450年提出来的。这便是火箭源于拜占廷说的开始。此后有不少英法学者对这一观点表示赞同。

18世纪的英国东方学者哈尔海德则提出了印度是火箭发明国的说法。1776年，在哈尔海德翻译印度《摩奴法典》时，有“火炮或任何种类火器”、“火炮”的句子。《摩奴法典》汇编了古印度的宗教、哲学和法律，编成时间大约在公元前3～前2世纪间。如果那时已有火炮或其他种类的火器的话，火药的产生当比此时早。众所周知，世界公认火药是中国古代的四大发明之一。与唐初炼丹家和药物学家孙思邈最早记录火药的配方时间相隔千年，众多学者因此对之提出质疑，印度学者赖伊即指出哈尔海德的译文中存在错误。

美国学者维特认为以上是因为传说、神话被学者当成了史料，因而结论自然是错误的。他这样分析是不无道理的。但那些相信印度起源说的人并不以之为然，因而也只能代表一种观点。在《论火箭的起源》一文中潘吉星认为在1222年印度本土最早出现火箭，那时火箭曾被蒙古军在

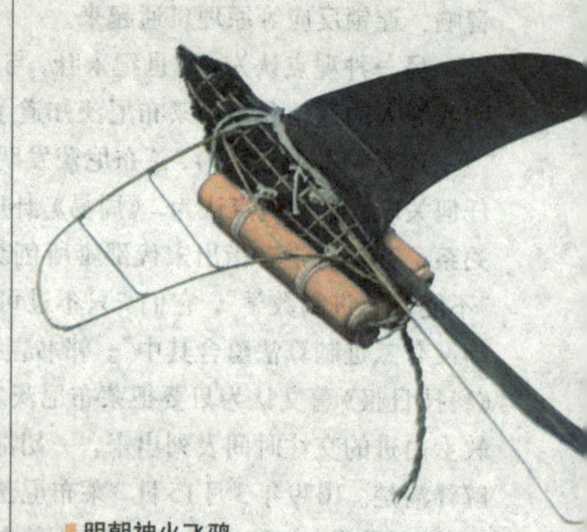

明朝神火飞鸦

现代的火箭的动力结构仍然没有脱离它的原理

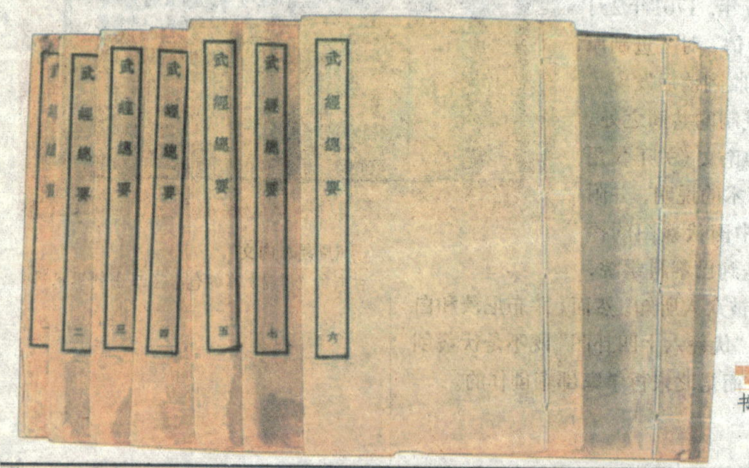

宋朝官修《武经总要》书影

书中已有使用各种火器的记载

对花剌子模国王札兰丁实施追击时曾在北印度使用过。这就是说，在1222年以前印度人根本搞不清楚火箭是怎样的东西。

对火箭源于中国这一观点表示赞同的中外学者，一般认为宋代是火箭的最早发端年代。

在鱼豢的《魏略》中始见“火箭”一词，《魏略》中记载魏明帝太和二年十二月，诸葛亮攻郝昭，郝昭射诸葛亮的云梯的武器即是火箭。不过那时的火箭并非用火药来推进的，而是在普通的箭上扎上一些耐烧的艾叶、松香和油脂一类的东西，然后用弓箭射出。

希腊之火

在抵抗阿拉伯人的多次海战中，拜占廷成功地使用了一件秘密武器——“希腊之火”。这表明当时欧洲已开始运用火器了。

印度火器史学家戈代认为火药和火箭的起源地均是中国，是在14世纪以后才陆续传入印度，而这时中国的火箭已出现很长时间了。

著名的科技史学家李约瑟也说：“中世纪中国的最伟大的成就之一是火药和火药武器的发展。”在中国古代典籍中关于火箭的记载也有很多，诸如《宋史·兵志》、《武经总要》等。但仍有人质疑中国是火箭发明国的说法。质疑的根据是丘濬的《大学衍义补》，丘濬(公元1420～1492年)这样说：“宋太祖时始有火箭，真宗时始有火球之名，然或假木箭以发，未知是今之火药否也?历考吏制，皆所不载。不知此药于何时仿于何人?意者谓在隋唐以后始自西域，与俗谓烟火者同至中国欤?”中国火箭向来说是由英国汉学家梅辉立首先提出的，他认为公元6世纪火箭才传入中国。然而仅凭此一条史料，似乎又有点势单力薄，难以说明问题。因此火箭到底起源于哪一国，还有待于进一步深入研究。

元朝军队使用的铜火炮

火器已是蒙古军队征战中经常使用的武器，由此火器传到欧洲和亚洲的许多国家。

“泰坦尼克号”沉没之谜

TAI TAN NI KE HAO CHEN M O ZHI MI

最新影片《泰坦尼克号》取得了十几亿美元的票房佳绩，轰动世界每一个角落。观众们在被电影中壮观的沉船场面所震撼并深深地为露丝和杰克的爱情所感动之余，不禁对“泰坦尼克号”沉没故事本身发生了浓厚的兴趣，那么，这到底是怎么回事呢？

1912年4月15日凌晨2点20分，“永不沉没的泰坦尼克号”连同1500多名乘客的船员，一起葬身大西洋底，灾难发生后，西方国家媒体迅速对沉船事件予以大篇幅的报道，对于沉船的原因和场景有许许多多的说法。而世界上许多国家的船舶设计工程师们也对这一沉船事件极为关注，为了揭开这个谜，他们搜索并分析了当时各种报道，推断造成泰坦尼克号沉船的原因应该是部分船舱施工建造不符合要求，以至于船遇到冰山后船体内的钢板被撞得变了形，撞

泰坦尼克号上的幸存者

准备远航的泰坦尼克号

松了铆钉，并从接缝处将船体撕开了一个大口。当然，也并不是所有工程师都认同这一观点，这也只是一种可能。

海洋地质学家在1985年8月找到了泰坦尼克号的残骸。他们发现，泰坦尼克号沉没时船体已被分裂成船头和船尾两部分。可喜的是，1991年，海洋地质学家史蒂夫·布拉斯科和他的同伴们在泰坦尼克号沉没现场又把一块船壳钢板打捞上来，他们发现，这块钢板碎块的边缘参差不齐，随后，他们在实验室里检验了这块钢块，冶金学家肯·卡利斯利用charpy技术检测了该钢板的易碎性。实验结果显示，泰坦尼克号船壳钢板的质地出奇地脆。人们由此认定，是冶炼技术问题导致了船体的沉没。因此史蒂夫“那时的造船技术超前了，但冶金技术没有跟上”的说法得到了证实。

《泰坦尼克号》电影海报

这些观点都是基于科学和事实认定的。对于泰坦尼克号沉没的原因，还有其他带有迷信性质的说法，那就是被“诅咒沉没”的说法，其中最有名的说法是沉没于“木乃伊的诅咒”。

大约在1900年前后，考古学家在埃及古墓中发掘出一具石棺，石棺上有“凡是碰到这具石棺的人，都会遭难”这样的咒语，可科学家们才不会理会这些，他们打开了石棺，一具木乃伊在他们的面前展现。

石棺很快被运回英国并在大英博物馆中展出。10年后，一位富有的美国人希望英国能将石棺和木乃伊卖给他，英国人也真把它卖给了这位美国人。正当他考虑如何将这“宝贝”运回美国的时候，恰逢泰坦尼克号首航，于是他便将他的“宝贝”带上了泰坦尼克号。可惜谁都没有注意到，在石棺上刻着的最后一句咒语是“将被海水吞没”，与前面的连在一起就是“凡是碰到这具石棺的人，都会遭难，将被海水吞没”。

不管怎样，泰坦尼克号毕竟沉没了，作为人类航海史上的一大悲剧，其原因虽然到今天还是一个谜，但它的沉没给人类带来的却是极大的警醒。

拉美西斯二世的木乃伊石棺

泰坦尼克号的沉没是现代技术的一种失败呢，还是古老诅咒的显灵呢？

美国“阿波罗”号到底登没登上过月球？

MEI GUO A BO LUO HAO DAO DI DENG MEI DENG SHANG GUO YUE QIU

宇宙飞船“阿波罗”号登上月球，一直都作为人类航天史的一大里程碑而载入史册，更使冷战中的美国一下在航天领域让苏联望尘莫及，它不仅仅是美国人的成就，更是全人类的骄傲，随着时间的消逝，人们在感受到这一前所未有的狂喜之后，似乎更关心这一壮举的真实性，究竟是伟大的成就还是弥天大谎。

1961年5月25日美国总统肯尼迪代表美国政府向国会宣布在这10年内，将把一个美国人送上月球，并使他重返地面。这就是20世纪著名的美国“阿波罗”登月计划。

这一计划是当时在应对苏联空间技术挑战的形势下提出的。

可是自从20世纪70年代以来，一直有人怀疑登月只不过是美国政府一手导演的一个骗局。怀疑者认为，当时美国在与苏联的太空竞赛中始终处于劣势。美国政府在当时技术条件不具备的情况下，一手导演了美国人首次登月的骗局来重振国威，欺骗国际舆论。

还有一些人公开怀疑整个“阿波罗”登月计划本身就是一个大骗局，人类从来没有登上过月球。据美国盖洛普公司在1999年的民意调查，有6%的美国人怀疑“阿波罗”登月是否真的发生过。

2000年7月中旬，墨西哥《永久周刊》科技版刊载了《20世纪最大的伪造》一文，作者俄罗斯研究人员亚历山大·戈尔多夫对美国31年前拍摄的登月照片提出质疑，立刻引起了广大读者的密切关注。

戈尔多夫认为，所谓美国宇航员在

阿姆斯特朗即将踏上月球表面的一刹那

月球上拍摄的所有的照片和摄像记录，都是在好莱坞摄影棚里制造的。他的主要理由如下：

第一，“阿波罗”宇航员在月球表面拍摄的照片，背景都没有星星。月球没有大气遮掩，天空又是乌黑的，星星跑到哪儿去了呢？

第二，照片上物品留下影子是多方向的，而太阳光照射物品所形成的阴影应该是一个方向。

第三，摄像记录中那面插在月球上的星条旗在迎风飘扬，而月球上没有空气，根本不可能有风把旗子吹得飘起。

第四，从摄像记录片中看到宇航员在月球表面行走犹如在地面上行走一样，实际上月球上的重力要比地球上的重力小很多，因而人在月球上每迈一步就相当于人在地球上跨越了5~6米长。

戈尔多夫说，他并不否定当年美国宇航员登月的壮举。他认为，美国宇航员当时是接近了月球表面，但由于技术原因未能登上月球。可是，美国为了表功，为了压倒苏联的锐气而伪造了多幅登月照片和一部摄影纪录片，蒙蔽和欺骗世人几十年。

2001年2月15日，美国的福克斯电视台播放了《阴谋论：我们登上月球了吗?》，通过采访“专家”出示“证据”，最终向大众“披露”了美国航空航天局于20世纪六七十年代在内华达州的沙漠中伪造“阿波罗”登月的真相。

不过，更多的人认为“阿波罗”登月是不可能造假的，最确凿的证据就是历次登月带回来的300多公斤月球岩石。月球岩石非常独特，在许多方面和地球岩石不同。

此外，美国传媒神通广大，假如美国政府有欺骗行为，不可能会保密如此之久。

在各方争执不休时，美国于1999年7月20日在华盛顿国家航空航天局博物馆举行仪式，纪念人类首次登月30周年。这也多少表达了美国政府对争论的态度。但是，首次登上月球的尼尔·阿姆斯特朗拒绝参加任何记者招待会、签名或合影，第一个踏上月球的人却如此沉默。这种行为给人们留下了更多的迷惑和不解。

如此看来，真假登月仍是未解之谜，证明登月的只有美国政府，有谁撒过弥天大谎会轻易认错的，提出反驳的最权威的戈尔多夫又是俄罗斯人，谁知道其中又掺杂了多少政治的或个人的因素?解开这个谜团，还有待更多的材料和参与者的证明。

美国宇航员阿姆斯特朗

人类开始了在月球上的行走

艾滋病来自何方？

AI ZI BING LAI ZI HE FANG

艾滋病是由名为“人体免疫缺损病毒”引起的被科学界称为“20世纪的瘟疫”。从20世纪80年代正式发现第一位艾滋病患者以来，其蔓延速度之快，患者死亡率之高都令人谈“艾”色变。而到目前为止，人类还不能生产出有效的预防和治疗艾滋病的药物。

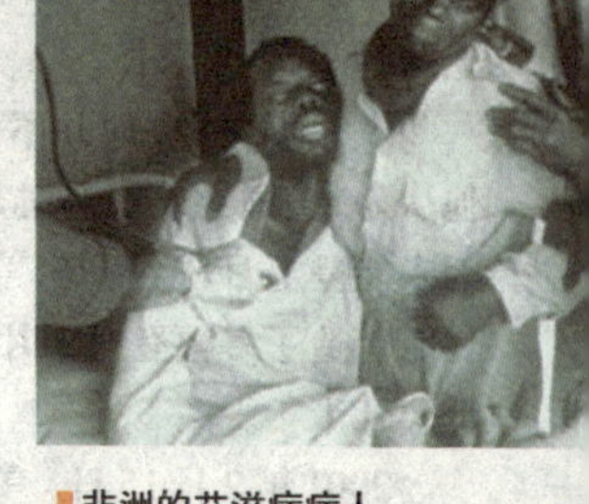

非洲的艾滋病病人

那么，这种被认为人类有史以来最凶悍的病毒究竟是来自何方呢？

联合国举行防治艾滋病的专门会议

起初人们认为同性恋是致病的根源。可是，研究发现，在西方，同性恋问题早在希腊罗马时代就有记载，东方国家古代也有士大夫养娈童的轶闻。如果同性恋导致艾滋病的产生，那么必定古代就流行了，为何直到当代才传播开呢?于是，科学家认为同性恋只是艾滋病传播的一个途径，艾滋病另有根源。

目前，人们在研究艾滋病时，提出了以下几种可能的致病原因：

一种是“外空传入地球”的假说，这种推断是由英国天文学家提出的，他们认为艾滋病毒可能早已存在于地球之外，但因千百年来缺乏传播媒介，所以人类一直没有感染上。后来这种病毒随流星进入地球，将这种可怕的病毒带给了地球上的人类。

另一种是“猴子传给人类”的假说，法国学者在中部非洲大湖地区研究艾滋病时，偶然了解到当地居民有将猴血注入人体的习俗。然而，这种假说的不足在于无法解释艾滋病的历史，这种奇特的习俗的历史比艾滋病史长得多。研究者进而假设，可能在很早以前，猴子就将艾滋病病毒传给人类，但缺乏必要的传播途径，因偶然的原因几度自生自灭。在现代，由于大量欧美人员到过非洲，于是艾滋病病毒就随之到了欧美，加之性生活混乱和吸毒等的流行，所以艾滋病在欧美地区就广泛传播开来。

还有一种是“美国制造”的说法。20世纪80年代中期，有报纸声称是美国研究细菌武器制造了艾滋病。后来，英国一家素来以消息来源可靠著称的报纸刊载了英国反对活体解剖学会的看法。该学会成员声称：美国在制造一种新型生物武器，艾滋病是美国生物研究中心利用遗传工程基因重组的新技术制造出来的新病毒，研究者首先在中非的绿猴身上做试验，后来又以减刑为条件在一些服重刑的囚犯身上试验病毒，囚犯中不少是同性恋者。他们回到社会后，艾滋病病毒也就开始了泛滥，这是试验者和被试验者始料不及的后果。这一消息见诸报纸后，至今已被数十个国家和地区的报纸转载，并引发了一场轩然大波，对此，美国有关方面也断然否认。

令人谈虎色变的艾滋病病毒

教皇保罗二世和患有艾滋病的男孩

防治艾滋病的宣传

共有50个州和12个国家的8288个艾滋病人的被单陈列在华盛顿纪念广场上，占地15万平方英尺。

20多年过去了，人类已经迎来了21世纪的曙光，而对艾滋病的研究也已取得了重大成就，但研究它的起源问题依然摆在科学家的面前，人们只有充分地认识它，才能更快更好地消灭它，人类应有理由相信，凭着人类的智慧力量一定能消灭这“世纪瘟疫”。

死于艾滋病的人群的线描图

关于艾滋病的起源一直众说纷纭，但真正的源头，仍然无从得知。

"魔鬼三角"——百慕大的"魔鬼"是谁？

M O GUI SAN JIAO BAI M U DA DE M O GUI SHI SHUI

素有"魔鬼三角"之称的百慕大迄今为止仍为众多科学家们日思夜想，百思不得其解。特别是近几十年来，许多飞机、战舰常常会无故失踪。谜底何在，众说纷纭。

苏联科学家最早提出海底水文地壳运动说。他们说，由于百慕大海底地貌十分复杂，这样就造成了百慕大海域的洋流纵横交叉，变幻不定，形成了多个巨大的旋涡流。后来，美国科学家又进一步证实了这种说法。他们认为，百慕大海域不仅有巨大的旋涡，而且这些涡流在阳光照耀下会产生极高的温度，这是使飞机爆炸、船舰沉没的原因。

赴百慕大探险的科学家在地图上指出百慕大的位置

那么，为什么会找不到沉船和失踪的飞机的残骸呢？持海底水文地壳运动学说的学者们分析说，在百慕大地区的海底地壳上有因天长日久而形成的一个个地陷坑或空穴，这里地壳运动十分频繁，百慕大附近的陆地地震不断，原因就在于此。当地震发生，这种空穴的顶部就会坍塌，其状如同海底突然“张开大口”，碰巧航行此地的轮船、舰艇随之被卷入，沉入“大口”之中，这样，舰艇就会沉没而不留任何痕迹。

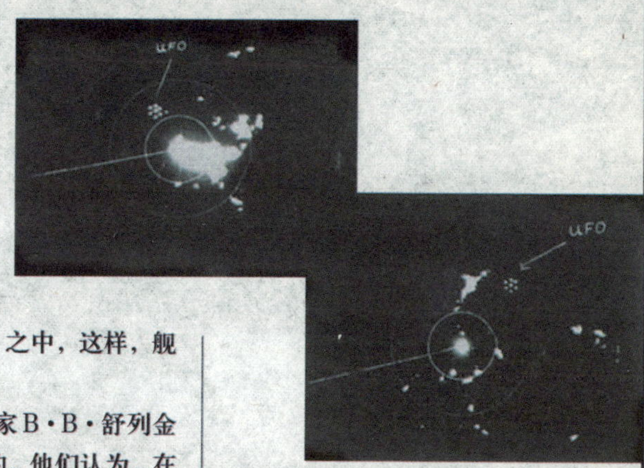

用雷达探测到的百慕大上空的不明飞行物

次声波地磁引力说。苏联地球物理学家B·B·舒列金在20世纪30年代提出次声波由海浪产生的。他们认为，在火山爆发、地震、风暴等自然灾害发生的同时，次声波也随之震荡，次声波虽然是人耳听不见的一种声音，但是，它的破坏力却大得惊人，当人处在振荡频率为6赫左右的环境中，便会产生强烈的疲劳感，随后又出现焦躁不安和本能的恐惧，而当人处在频率为7赫时，人的心脏和神经系统陷入瘫痪，而百慕大正是次声波最活跃的地区，导致种种惨剧发生的“魔鬼”就是这一致人死地的次声波，它是罪魁祸首。

“天外来客说”。1965年6月5日，一架大型双引擎军用飞机“飞行车厢CI19”号，在飞跃百慕大时，突然失踪。正在这时候，美国宇宙飞船“双子座—4”也正好飞跃此地，宇航员麦克维特发现了一只触手外露的类似“飞碟”的不明飞行物正在离他不远处飞行，他立即用电影摄影机把那飞行物拍摄下来。据此，美国天文学家M·K杰塞浦以及一些其他学者认为，神秘失踪的飞机和船舰可能是“天外来客”乘座飞碟所为。

20世纪70年代中期，美国科学家拉里·库什提出了“虚幻之谜”说，他说，在百慕大三角发生的这些奇异现象，并不只是近几十年来才发生的事情，是在16世纪哥伦布探险时期就有记载。这些记载大多说，凡在此遇到空难或海难均是由于遇上了飓风、狂浪、海啸等自然灾害所造成的，这些记载，很多从事研究百慕大的学者也知道，但并没有引起重视，甚至于有些学者为了猎奇，有意或无意地删去这些情节，更有些人为了一鸣惊人还把本不在百慕大发生的海难、空难事故的发生地移花接木，欺骗世人。

在百慕大神秘失踪的飞行中队合影

神秘的北极风光

北极“阿里亚尼”真是地心飞碟基地吗？

BEI JI A LI YA NI ZHEN SHI DI XIN FEI DIE JI DI MA

有谁会相信地球内部可能存在着飞碟基地?但根据飞碟专家的深入研究发现，飞碟的来源存在三种可能性，即外太空、内太空和穿过时间隧道的未来人。这里的内太空就是指从地心到大气层的地球本身。对地球内部存在着飞碟基地的说法，许多人认为不可置信。

但是，曾任美国海军少将的拜尔德在不久前公布的架机探访地心飞碟基地的神奇经历，使地心存在飞碟基地的说法得到佐证，也使飞碟和外星人再次成为人们关心的问题。

拜尔德将记载他那神奇经历的日记公开。根据他的日记，他曾于1947年2月率领一支探险队从北极进入地球内部，发现那里存在着一个庞大的飞碟基地和生活着许多种原已在地面上绝种的动植物，并且他们还在这个基地上

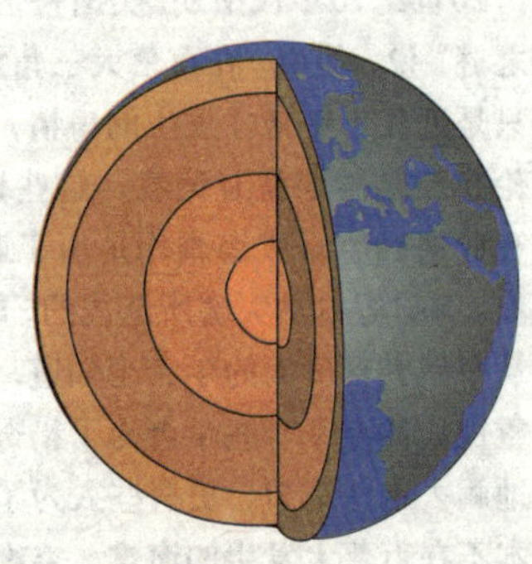

地球内部结构示意图

发现拥有高科技的“超人”。

在北极，拜尔德驾驶飞机进入一个地方，发现地势更加平坦，而且还分布着闪闪发光的发出彩虹般的色彩的城市，而空中飞行的飞机似乎被某一种奇特的浮力托着，在这种无形力量的支配下，拜尔德无法控制飞机，不可思议的是在舱门右侧和上端出现带有无法明了其义的符号的碟形发光飞行器，更不可思议的是，竟从无线电传出带着德语音调或北欧语言的英语“欢迎将军的光临”，并让拜尔德放心，说过不了7分钟，飞机将完全降落。话一说完，飞机的引擎停止运转，在轻微的震动中，飞机平安着陆，这时几位没有携带任何武器的，金发碧眼、皮肤白皙、体形高大的人出现了。

在这一基地，他遇到一些人，通过与那些人的交谈，他得知这个地下世界名叫“阿里亚尼”。这个基地的人对外界的关注始于美军在日本广岛投下两颗原子弹，为了调查那个时代发生的事，他们派遣许多飞行器到地表活动。他们自称，地上世界的文化和科技要比地下世界落后数千年，他们原先对地上世界的战争不加干涉，但因原子武器破坏性太强，他们不愿再见到人类使用原子武器，因此曾派人与超级大国交涉，希望能劝他们停止使用原子武器，可惜未成功。这次借邀请将军的机会警告地上世界可能会走上自我毁灭。那些人还对地上世界对他们派出的使者的不友好的待遇发出抱怨，声称飞行器也经常遭到战机的恶意攻击。人类文明之花遭受战争的蹂躏，人类社会的黑暗幕布已经降落，这些将使全世界陷入混乱中，世界将成为一方废墟，但地下世界的人将协助地上世界的人从废墟中重建新世界。

结束会晤后，拜尔德沿原路前往通信员停留的地方，与他会合。他们经由两架飞行器的引导而升空至823米，27分钟后，他们平安在基地着陆。

拜尔德一回到美国随即参加美国国防部的参谋会议，并且向杜鲁门总统做了汇报。为了证明他所作汇报的真伪，他被最高安全部门及医疗小组调查，后被有关方面告知严守机密。因此，关于那个基地的秘密，被美国政府封锁了多年，但在他1965年12月24日的日记中，他写道：“那块土地在北极，那个基地是一个巨大的谜。”

拜尔德公开的日记的真伪一直为世人所争论。“阿里亚尼”是否真是一个飞碟基地也一直为科学家所争论不休，但无论如何，内太空作为飞碟的来源之一存在可能，它的进一步确定还等着科学家的进一步研究。

正在机上检查仪器的拜尔德

拜尔德所言确有其事，还是一番耸人听闻的谎言？

1965年拍摄到的美国佛罗里达州上空的不明飞行物

鲸“集体自杀”之谜

JING JI TI ZI SHA ZHI MI

百余头伪虎鲸于1970年1月11日冲上美国佛罗里达州皮尔斯堡附近的海岸的海滩。海岸警卫队为了救助这批搁浅的鲸，从中午1点到深夜，尽一切努力想把它们往海里赶，可是它们屡次重新冲上海滩。最后，150头伪虎鲸全部死去。

同样的情况也发生在1979年7月16日加拿大波林半岛上。当时，上百头鲸拼命地冲上海滩。渔民奋力挽救这些鲸，把它们硬往海里赶，但是徒劳，这些鲸在原地不动，直到死去。

暴风雨前夕，鲸群发狂般地游在海面上。

在荷兰、墨西哥和美国等地的海岸上这种类似的情况也时有发生。

关于鲸自杀的记载始于古希腊哲学家普卢塔赫（公元46～126年）写的《各种动物的才能》一书。

鲸是因为被狂风大浪推到海滩上，是因为被凶恶的鲨鱼或受到其他动物的威胁而仓皇逃命窜上海滩，是因为在海滩觅食或一时贪玩而在海滩上搁浅而要“集体自杀”?人们对此百思不得其解。

生物学家们为了揭开这个谜，多年来一直进行广泛探索。

荷兰科学家范·希尔·杜多克是研究鲸自杀原因的专家，1962年他研究了包括成群的和单只的26种鲸的133桩“自杀”事件。研究发现，鲸一般选择低洼的海滨浴场、海岸、浅滩和凸出的海角作为“集体自杀”的场所。

因为海水落潮而搁浅了的白鲸

鲸又为何要在这些地点“自杀”呢?

原来，鲸的视觉并不发达，其判别方向和识别东西主要是靠它身上的一套回声定位系统具有反射声音的作用而进行的。

在低洼的海岸等地，使鲸回声测位的条件恶化，妨碍了鲸对反射信号的接收，有时鲸鱼不能收到落到缓斜砂质的海底的信号，而水浅使鲸的喷水孔不能浸没在水里，这也减弱了它的回声定位能力，因此，在这些地方，鲸鱼常因飓风、暴雨而搁浅。

1984年，95头鲸因不明原因集体冲上美国马萨诸塞州海滩，随后全部丧生。

这种说法是单头鲸“自杀”的原因，但是鲸为什么“集体自杀”呢？

前苏联科学家托米林认为鲸的集体自杀牵涉到动物学和生理学的因素，即鲸之所以会“集体自杀”是为了保护同类。

由此可以推测到鲸“集体自杀”：首先，个别鲸因环境条件原因而使回声定位系统失灵，落入海滩；其次，搁浅的鲸为求生而向同伙发出遇难的信号，其他的鲸接到信号后为救护同类而上海滩；最后，所有的鲸都投入了死亡的深渊，造成“集体自杀”。

但是，法国、英国、美国的一些科学家对鲸“集体自杀”的原因作出不同的解释：军舰产生的发动机声音、爆炸声等噪声以及军舰上的回声测探仪和水声测位仪（声纳系统）发射的声波，扰乱了鲸的回声定位系统，鲸即因发生这种紊乱而发生搁浅。他们举例说，1986年在兰沙罗德岛附近正在进行军舰演习时，有4条鲸在该岛搁浅；1989年，在加那利群岛的一个海岛附近游弋的军舰导致不同种类的24条鲸在该岛边集体搁浅。此外，委内瑞拉湾发生的鲸“集体自杀”与当时水下爆炸几乎同时发生。他们认为这是证明他们观点的力证。

不论如何，鲸的搁浅只是环境条件以及它们的习性造成的无意的结局，而不是它们有意识的自杀。鲸“自杀”的说法只是古代人们对鲸搁浅的一种不科学的说法。

海边风干的鲸骨

野兽为何抚养人类的孩子?

YE SHOU WEI HE FU YANG REN LEI DE HAI ZI

印度的那拉雅普尔村的一位名叫那尔辛格的居民于1972年5月骑自行车穿过森林时，看见一个正爬着与4只小狼玩耍的大约三四岁的小男孩。

这个小孩被那尔辛格抓住并带到村里。这个小孩牙齿锋利，在路上把那尔辛格的双手咬得鲜血直流。

这个小孩被那尔辛格当作赚钱的工具，让他与狗一起生活，到处展览、表演，过着悲惨的生活。他竟把人们投给他的活的小鸡马上抓住啃咬起来。

用四肢奔跑的狼孩

被收养一段时间后，“狼孩”已经可以穿衣服，并进行简单的对话。

5个月之后，他才开始用双腿走路，但走得很艰难。

他于1981年1月被送到一家医院进行治疗。在医院里他“恶习不改”，将地上的蚂蚁抓住往嘴里塞；他总是肚皮朝下趴着睡觉或休息，向前伸出双臂，向后伸直双腿。

这个小孩就是人们所说的“狼孩”。此外人们于1964年在立陶宛发现一个“熊孩”，他喜欢敲打树木，走路摇摇摆摆，会发出咆哮，一副十足的熊样；两个“猴孩”又于1974年被发现了，他们像猴一样跑跳、爬树，只吃香蕉……

由于脱离了人类，这些小孩较长时间与狼、熊、猴等野兽共同生活，因此他们的习性也变得和野兽一样。

回到人类社会后，尽管他们会慢慢地往“人性”方向发展，但由于错过了生理上、心理上发育的最好时期，因此，在各方面他们仍落后于一般儿童。

凶猛的野兽怎么不会伤害小孩，反而变“温柔”，把小孩抚养起来了呢？

经过科学家们考察发现，那些抚养小孩的野兽都是雌性的。因此，有人认为，也许是因为母兽生下小兽不久，小兽死了，所以无法排出乳汁的母兽胀得难受，恰巧遇到被遗弃的小孩，于是就让他吸乳汁。

凶恶的非洲白狼

南非两名相拥而卧的狼孩

印度“狼孩”在一户农民家中的情景

然而，事实上，在“领养”人孩的同时，有的母兽还哺育自己的小兽，因此让人难以信服乳汁多到“胀得难受”的说法。

究竟这些野兽抚养小孩出于何种“动机”，这仍是一个谜。

尼斯湖怪兽之谜

NI SI HU GUAI SHOU ZHI MI

在苏格兰北部，有一个尼斯湖，湖深200多米，是一个终年不冻的淡水湖。表面上看，尼斯湖与其他湖泊毫无异处，但传说中湖里却住着一种不为人类所知的动物——尼斯湖水怪。早在距今1500多年前，就开始流传尼斯湖中有巨大怪兽常常出来吞食人畜的故事。古代一些宣称曾经目击过这种怪兽的人把它描绘得多种多样，有人说它长着大象的长鼻，浑身柔软光滑；有人说它是长颈圆头；有人说它出现时泡沫层层，四处飞溅；有人说它口吐烟雾，使湖面有时雾气腾腾……各种传说颇不一致，既神奇，又恐怖。

1972年，美国应用科学院专家赖恩斯带领他的研究组，在对尼斯湖进行探险时，曾利用水下照相机，拍下了一个珍贵的镜头，这张照片上现出了一只活怪兽的轮廓（躯体和头部）：躯体呈菱状，一个细长的脖子成拱形地伸展，脖子的一部分被阴影挡住而模糊不清，最后是一个斑

正在检查海底探测仪的科学家

艺术家笔下的尼斯湖怪兽

准备用于探测尼斯湖的"海底居室"

正在紧张注视海底自动摄影机的工作人员

点，表明是怪兽好奇地转向照相机的头部，两个鳍脚从躯体上端伸出，整个画面看上去像是怪兽正吃惊地扑向照相机。据估计，这只怪兽大约长6.5米。不久怪兽向水下照相机发起了一系列的攻击和碰撞，并将其打翻。有些学者根据这张水下照片来证明尼斯湖里确实存在着怪兽。

后来，美国隐蔽动物学会会长贝佐宣称他"已发现尼斯湖怪兽"。贝佐长期以来一直力图尝试证实尼斯湖怪兽的存在。这一消息究竟是否真实可靠?因为缺少证据而不能被得到肯定。事实上，从古至今，虽然有许多人宣称自己亲眼看到过此怪兽，但都只能粗略地说出怪兽露出水面的只鳞片角，都不能准确地说出怪兽的全貌，因为谁也没有见过。

近一二十年来，为了找到尼斯湖水怪，人们用尽了各种方法，有的潜水员潜入尼斯湖，但混浊的湖水阻挡了人的视线，人眼难以辨认水下的世界；有的使用潜水艇，也毫无收获；有的使用自动摄影装置，仍徒劳无效；有人想起了海豚，因为海豚有非常灵敏的声纳系统，在任何条件下它都能够准确无误地分辨出3000米以内的水中生物，但由于尼斯湖是淡水湖，海豚也难以施展技艺，因此，尽管海豚是海洋动物中最机灵的动物，它对探测尼斯湖怪兽也是无能为力的。

全世界许多著名的科学家坚信在尼斯湖中确实存在水怪。他们认为，这是一种至今尚未被人们查明的大型水生动物。几亿年前，尼斯湖一带原是一片极其浩瀚的海洋，今天的地貌是在频繁的地壳运动的作用下，经历多次的海陆变迁才形成的。因此，很可能有一种远古前动物——独特的海栖爬虫类至今仍然生活在尼斯湖里。这只是一种假设和推测，要证明这种假设是否正确，还有待于科学家今后进一步去深入探索和研究。

传言中的尼斯湖怪兽

2 世界历史未解之谜 战争 War

一 特洛伊战争究竟是真是假?

TE LUO YIZHAN ZHENG JIU JING SHIZHEN SHIJIA

一场战争引出了两大史诗，从而成为西方文学的源头，这场战争就是特洛伊战争，而两大史诗就是荷马的《伊利亚特》与《奥德赛》，那么，这场战争是真是假呢?

在那样一个人神界限特别模糊、人类很像神灵而神灵身上又表现出太多人性的时代，特洛伊成为这一时代人神之中最伟大者交锋的场所。很多事情发生在这儿，特洛伊国王普里阿摩斯的儿子帕里斯，把世界上最美的女人海伦从希腊带到这里；希腊国王阿伽门农为了夺回海伦，率领他的军队来到这里；后来，在这个战场上，希腊最伟大的战士阿喀琉斯，杀死了帕里斯的哥哥赫克托耳。在荷马史诗《伊利亚特》的最后一幕，特洛伊国王普里阿摩斯与阿喀琉斯谈判请求归还他儿子的尸体并停战。

在史诗《奥德赛》中，故事并没有到此结束。帕里斯为他哥哥报仇，给了阿喀琉斯的脚踵致命的一击，杀死了这位希腊伟大的勇士。而希腊人则通过“木马计”，潜入特洛伊城内并最终摧毁了它。此后特洛伊的黄金时代也就结束了。

木马计

这是特洛伊战争中希腊取胜的决定性因素，传说中的神话在历史上确有其事吗?

历史上很多人认为这是历史事实，并真正发生在希沙立克。但是，自从18世纪开始，学者们对此提出了质疑。许多人怀疑特洛伊曾经发生过战争，甚至更有一些人怀疑荷马的存在，至少怀疑荷马作为一个单独的个人而非一系列诗人的存在。

古希腊花瓶

古希腊文学和艺术有很多关于特洛伊战争的描述。在这个花瓶上可以看到阿喀琉斯在为一位勇士包扎伤口。

赫拉克勒斯的战斗

到了19世纪下半叶，只有极少数学者相信荷马史诗是对历史上的真实事件的记录。而相信特洛伊——假如它真的存在过的话——就在希沙立克的人则更少。然而还是有人相信特洛伊的存在，这其中包括业余考古学家弗兰克·卡尔弗特——美国驻这一地区的领事。19世纪60年代中期，卡尔弗特与其合作者德国富翁海因里希·谢里曼对希沙立克进行了发掘，发现了古典时期的神殿和一些高大的建筑物。后来，曾做过谢里曼助手的威廉·德普费尔德继续进行他未尽的事业。德普费尔德发现了更多的大房屋、一座瞭望塔、300码长的城墙。

德普费尔德的看法一直流行，直到40年后，一支美国探险队在卡尔·布利根的带领下来到希沙立克。布利根认为，特洛伊的覆灭，绝对不可能是希腊人的入侵造成的。因为城墙的一部分地基发生了移动，而其他部分则似乎彻底倾坍了。他认为这种破坏不可能是人为的，可能是一场地震导致如此。

看来，究竟是特洛伊战争成就了荷马史诗，还是荷马史诗成就了特洛伊战争，特洛伊战争究竟是真是假，这一切都湮没在漫漫的历史长河之中了。

拉奥孔

在著名的特洛伊战争中，特洛伊城的祭司拉奥孔识破了希腊人的诡计，警告特洛伊人不要把那只被遗弃的木马搬进城里。结果由于泄露了秘密，拉奥孔与两个儿子被阿波罗与狄安娜派来的两条巨蟒杀死。

古罗马军团为何能横行欧亚？

GU LUO MA JUN TUAN WEI HE NENG HENG XING OU YA

公元6世纪末起，罗马人赶走了伊鲁特人，成立罗马人自己的国家，后来，欧洲以至西亚和北非地区的格局都因罗马帝国的崛起而发生了变化。这一影响当时世界格局的帝国拥有一支十分强大的部队，这支军队在最初仍然继续使用他们的统治者伊特鲁里亚人曾经用过的希腊风格的重甲方阵。重甲方阵是由用圆形盾牌和投矛武装起来的重甲步兵组成，此后不久，他们就开始着手建立他们现代化的部队。

伊特鲁里亚逐渐衰落后，在与拉丁同盟和意大利半岛其它部族继续进行的战争中，重甲方阵的内在局限性日益暴露出来。意大利的地势凸凹不平，这对于那个庞然大物的调遣来说极为困难，而且它的侧翼常常会被毫无约束、没有固定战争风格的部族士兵所攻击。所以，公元前4世纪初，更为灵活的军事组织——军团逐渐取代了方阵。而成为新的战争方式。军团的人数视条件而定，但它主要战术结构保持不变。步兵根据年龄和经验排成了列。第1列称“哈斯塔迪”；第2列是“普林斯朴斯”，他们一般是年龄稍长、大约30岁左右、服役7年的士兵；最后一列“特瑞阿瑞”是久经沙场的老兵，他们的老练和成熟有助于鼓舞士气。

只有第3列久经沙场的士兵使用长矛，第1、2列士兵使用重标枪，又称“皮鲁姆”，长大约2.075米，软铁头和矛柄中间有细细的一段连接。枪尖在用力过猛时就会弯曲，枪头也常常折断，因而使对方无法再次使用。此外，矛头也往往能够嵌入到敌人的盾牌和盔甲中，令对

萨宾妇女 油画

罗马建城之初经常与其邻近的萨宾部落发生激烈冲突，这幅画表现的是罗马人与萨宾人激战的情景。

手行动不便。第1列队伍在投掷完他们的标枪之后，就立刻挥剑冲入敌阵，近身肉搏。如果第1轮进攻失利，幸存者就会马上退向第2队列，由第2列接着发动更为猛烈的进攻，如果两次进攻都不幸失败了，幸存者将会退到第3列的后部，第3列就会收缩队形，举起长矛。提供一道安全的屏障保护部队安全撤退。

罗马军队战斗浮雕

胜利女神

罗马帝国的皇帝在庆祝战役胜利时，常常将胜利女神放在战车上。

可以说，人力的优势、灵活的战术和特殊用途的武器都对他们的战绩都作出了很大贡献。但是所有的因素中，罗马所依靠的最大的力量那就是军团将士的素质和忠诚。正像公元前200年希腊将领色诺芬回忆他的军队时所说，当他们面对敌人的武器和战马时，总是表现得极为沉稳，“这样的人在战场上无往而不胜”。

后来，军团的主要战斗武器是西班牙剑，估计可能是由在西班牙与迦太基人作战的军队带回意大利的。西班牙剑是宽身利刃剑，长约70厘米，主要为刺东西而设计，这也是令罗马敌人恐惧的一件武器。

公元前197年，罗马人在色萨力的锡诺赛佛拉打败了菲利浦五世的马其顿方阵，从而显示出了一种新的迹象：一个以新的方式指导战争的、新的大帝国正在崛起。

战术结构的优越性，是必须在实战中才能得以验证的。当时军队的作战方式受希腊风格重甲方阵影响较大，古罗马军团的战术结构的发明者是谁？他又以怎样的军事理论或政治手段使古罗马朝廷接受了新的作战方式？由于古罗马时代距今时间久远，又缺乏翔实的资料记载。所以至今都是一个未解之谜。

罗马士兵胸甲

古罗马起义将领斯巴达克为何率军南下？

GU LUO MA QI YI JIANG LING SI BA DA KE WEI HE SHUAI JUN NAN XIA

公元前73年，一场由斯巴达克领导的世界古代史上最为波澜壮阔的奴隶起义爆发了，这场起义以反对罗马奴隶主统治为目的，起义曾经席卷整个意大利半岛。

当斯巴达克起义军将克劳狄乌斯和瓦利尼乌斯的围剿接连粉碎后，斯巴达克曾拟订了一个北上计划："全军向阿尔卑斯山前进，越过高山，北上出境，返回故土。"重获自由，这也是人之常情。不过副将克里克苏对斯巴达克提出的这个计划坚决反对。随后，克里克苏率领2万人愤然出走，不幸被官军消灭。斯巴达克率军继续北上，将楞图鲁斯和盖利乌斯的前堵后追挫败，义军一度攻打到阿尔卑斯山脚下的穆提那城。但斯巴达克此时突然放弃北上计划，率领全军调头南下。

罗马元老院害怕起义军会攻打罗马城，立即派独裁官克拉苏带领8个军团前往镇压奴隶起义。克拉苏采用古老的《十一抽杀律》：凡战败或临阵脱逃者，10人当中抽签选出1人处死。如此严明的军纪使罗马军队的战斗力大大提高。

被赶到意大利半岛南端的布鲁提翁的起义军准备渡海去西西里，但却失败了。克拉苏下令在半岛最南端挖了一条两端通海的大壕沟，企图将起义军的退路截断，将起义军就地歼灭。起义军尽管奇迹般地冲过封锁，但损失巨大，不久就陷入困境。罗马元老院又在此时命令鲁库鲁斯从马其顿、庞培从西班牙回师，会同克拉苏从东、北、南三面包围起义军。

在这个紧要关头，起义军内部牧民出身的康格尼斯不同意撤离意大利半岛，带领1.2万起义军离开队伍，结果很快被克拉苏消灭。

公元前71年春，起义军与官军举行了一场最后的决战。双方在阿普里亚境内展开激战，斯巴达克和6万名部下英勇战死，官军把被俘的6000名起义军全部钉死在从卡普亚到罗马大道两边的十字架上。

尽管起义失败了，但确实沉重地打击了罗马奴隶主统治者。2000多年来，人们也对这次起义提出不少疑问：比如，

斯巴达克铜像

竞技场上残酷的格斗

斯巴达克曾一度制订北上出境计划，如果认真施行这个计划，他们离开罗马返回色雷斯结果会怎么样呢？那么他放弃北上计划的原因究竟是为什么呢？

当斯巴达克最初制订北上计划时，起义军内部已出现严重分裂：副将克里克苏率2万人出走，结果被官军很快歼灭了。起义军内部的第2次分裂也发生在斯巴达克提出渡海去希腊的时候，牧民出身的康格尼斯对撤出意大利半岛的主张坚决反对，带领1.2万人离开队伍，结果被克拉苏消灭。

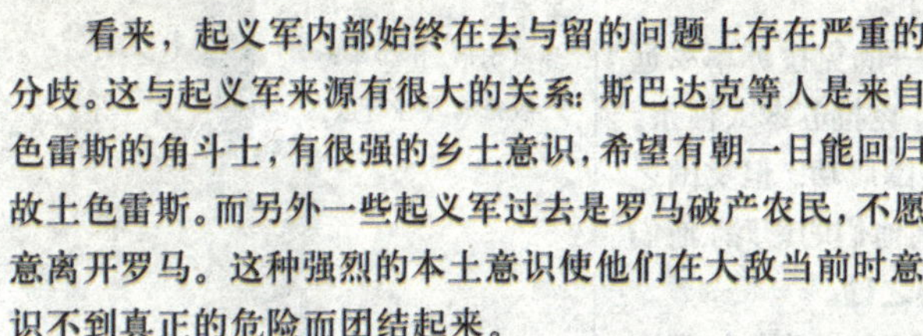

看来，起义军内部始终在去与留的问题上存在严重的分歧。这与起义军来源有很大的关系：斯巴达克等人是来自色雷斯的角斗士，有很强的乡土意识，希望有朝一日能回归故土色雷斯。而另外一些起义军过去是罗马破产农民，不愿意离开罗马。这种强烈的本土意识使他们在大敌当前时意识不到真正的危险而团结起来。

研究者认为，斯巴达克计划的改变源于客观形势的变化。起义之初，敌强我弱，斯巴达克感到很难对付罗马官军，不宜久留罗马，所以他拟订北上计划，先在敌人力量比较薄弱的北部地区发展自己，争取早点翻越阿尔卑斯山返回故土。但北上途中的节节胜利，尤其是起义军将罗马执政官克劳狄乌斯、名将楞图鲁斯和盖利乌斯的围剿接连挫败之后，声势大振，敌我力量对比出现了一点变化。起义军因此变得自信起来：觉得可以留在罗马“一搏”。

第二种意见认为：阿尔卑斯山的恶劣条件改变了起义军北上翻越山岭的计划。他们提出，阿尔卑斯山平均海拔3000米左右，是欧洲最高的山峰，许多山峰终年积雪，山上气候千变万化。12万起义将士到达阿尔卑斯山脚下时，身上的单衣无法御寒，再加上起义军给养不足，没有办法，只好取消了北上计划。

还有人认为，斯巴达克改变北上计划是因为想到缺乏意大利北部农民的支持。

当然历史不能重写，如果斯巴达克继续北上，并且成功地翻越阿尔卑斯山，返回了色雷斯，结果会如何呢？罗马官军是想把斯巴达克逐出本土而万事大吉还是要将其一网打尽才罢休？这些仍然还是谜。

克拉苏头像

正是他率兵镇压了斯巴达克起义军

古罗马远征安息的大军流落何处？

GU LUO MA YUAN ZHENG AN XIDE DA JUN LIU LUO HE CHU

在现实生活中，一个人的神秘失踪已经让人惊奇不已了，6000余人一起神秘失踪的事情就更让人觉得是天方夜谭了，然而，这样的事确确实实地发生了。

公元前53年，古罗马"三巨头"之一的克拉苏率军远征安息(今伊朗)，出师不利，兵败卡雷城，克拉苏本人被杀。他儿子率领的第一军团6000余人拼死突围成功。但突围之后却杳无音信，罗马人几番寻找也得不到他们的影踪，他们去了哪里？2000年来留给人们一个难解之谜。

据《汉书·陈汤传》记载，公元前36年，北匈奴郅支单于政占乌孙、大宛，威胁我国西域地区。汉武帝派都护甘延寿和都护副校尉陈汤出兵至康居，剿灭郅支单于。汉军在康居见到一支奇特的军队，"土城外有重木城"拱卫，"步兵百余人，夹门鱼鳞阵，讲习用兵"。西汉军队把这支军队降服后，又将俘虏的士兵全部收编。后来，西汉政府又在祈连山下设立骊靬县安顿了这批俘虏的士兵。

经过研究后，历史学家认为，只有古罗马军队采用构筑"重木城"防御攻式和用圆形盾牌连成鱼鳞形状的防御阵式。所以这支军队可能就是卡雷战役中突围而出的普布利乌斯领导的罗马第一军团的残部。

澳大利亚专家戴维·哈里斯也对此进行了深入分析，推断这支奇特军队就是克拉苏东征部队的残部。当年他们从帕提亚的卡雷突围之后，辗转各地。后来又突破安息东部防线，进入中亚，被郅支单于收编为雇佣军。在公元前36年西汉与郅支之战中被陈汤收降。带回中国。他还根据材料推断，骊靬城旧址就在甘肃省永昌县境内。

另外，中国、澳大利亚和前苏联的一些史学家也对此进行深入研究，他们找到一张公元前9年绘制的地图，根据地图指示，确认骊靬县就是现在的焦家庄乡者来寨。

但是也有一些持不同意见的人否定戴维·哈里斯的推

帕提亚国王塑像

安息帝国又称帕提亚帝国，在他们的传统风俗中，国王手中一般持有月神的像。

罗马帝国与安息帝国之间的巴尔米拉城

断。他们说，“重木城”和“鱼鳞阵”并非是完全属于罗马人的军事艺术。在中国，编木或夯土为城古已有之，外城为郭、内城为城是中国古代通制。而且，《左传》中记载，中国古代也曾使用“鱼鳞阵”，当时其正式名称叫“鱼丽阵”。

因为在对骊靬古城遗址发掘过程中没有取得什么有价值的成果，所以人们推断骊靬古城可能早已深埋地下，成为城下之城。

还有一些学者认为，即使当初罗马人的确曾到过此地，经过与当地居民2000年的通婚、融合，面貌恐怕早已大大改变，不再具有当初的特征。

另外也有人认为，这个地区外来人口一直比较复杂，很难依据现在那些地区存在酷似欧洲人的居民这一事实判定罗马人后裔生活在这里。

俗话说：“人过留名，雁过留声。”这一群6000人的军队却无声无息地失踪了，他们到底去了哪里呢？看来只有当事人自己知道了。

远征安息的罗马士兵的墓碑

西班牙“无敌舰队”覆灭之谜

XIBAN YA WU DIJIAN DUIFU MIE ZHIMI

顾名思义，“无敌舰队”就是天下无敌。然而，西班牙的“无敌舰队”却上演了一出“以多负少”的悲剧，“天下无敌”变成了“人尽可欺”。

为了争夺海洋霸权，西班牙和英国于1588年8月在英吉利海峡进行了一场举世瞩目、激烈壮观的大海战。这次海战，西班牙实力强大，武器先进，战船威力巨大，且兵力达3万余人，号称为“最幸运的无敌舰队”。而当时英国军队规模不大，整个舰队的作战人员也只有9000人。两军相比，众寡悬殊，西班牙明显占据绝对优势。但是，出人意料的是这场海战的结局以西班牙惨遭毁灭性的失败而告终，“无敌舰队”几乎全军覆没。从此以后西班牙急剧衰落，海上“霸主”的地位被英国取而代之。

西班牙舰队的大帆船

“无敌舰队”溃败

画中描绘了1588年侵入英国的西班牙“无敌舰队”在英国舰队的炮火轰击下慌张撤退的情景。

为什么强大的“无敌舰队”竟然在寡弱对手面前不堪一击，一战而负呢?大致有三种意见。

一是基础说。西班牙的强盛，只是表面上的暂时的虚假繁荣。西班牙国王腓力二世加强专治统治，搜刮民财，连年征战，专横残忍，挥霍无度，激起了广大人民的愤恨，国内危机四伏。这次战争根本是不得民心的。

西班牙国王参加弥撒的情景

二是指挥失当说。另有学者认为,“无敌舰队”的惨败是由于国王用人不当造成的。1588年4月25日，国王在里斯本大教堂举行授旗仪式，任命大贵族西顿尼亚公爵为舰队总司令，率领舰队远征。西顿尼亚出身于名门望族，在贵族中有较高威望，深得国王信赖，所以被任命为舰队统帅。但是他本来是一名陆将根本不懂海战，对指挥庞大的舰队在海上作战毫无经验，而且晕船。对这项任命他始料不及，根本没有任何思想准备和信心指挥这场战争。他也曾要求腓力二世另请高明，但未被获准。试想，这样的将领指挥海战，哪有不败之理?

三是天灾说。这种说法认为“无敌舰队”遇上了天灾，而不是人祸。它首先遇到的对手，是非常可怕而又无法战胜的大西洋的狂风巨浪。这是进军时机选择不当造成的。在“无敌舰队”起航不久即遇到大西洋风暴的袭击。“无敌舰队”许多船只被毁坏，淡水从仓促制成的木桶中漏出，食物大量腐烂变质，水手们疲惫不堪，大多数步兵也因为晕船而失去战斗力。“无敌舰队”还没有与英国交战先折兵，战斗力大大受到削弱。不得已，西顿尼亚带着这样一支失去战斗力的舰队与英军开战，从而导致厄运的发生。回国时，在苏格兰北部海域，再次遇到大风暴，一些舰船又被海浪吞噬或触礁沉没。至此，“无敌舰队”几乎已全军覆没。

虽然“不以成败论英雄”，但胜者为王，败者为寇。看来，“无敌舰队”覆亡的原因值得所有的军事家深思。

伊丽莎白半身像

拿破仑在滑铁卢惨败另有原因吗？

NA PO LUN ZAIHUA TIE LU CAN BAILING YOU YUAN YIN MA

拿破仑能够创造神话，其本身即是一个神奇的创造。1815年3月20晚上9点钟，令人难以置信的是，“大势已去”的拿破仑居然不费一枪一弹，在短短19天之内从地中海到巴黎，赶走了波旁王朝，再度称帝。

但拿破仑比谁都更清楚地知道，他马上就要面临着一场严酷的战争，欧洲对他这一次的突然出现一定会想尽一切办法进行打击。

6月14日，拿破仑入侵比利时战争开始。

6月17日傍晚，拿破仑带领军队向高地进发，与英军相遇。

6月18日清晨拿破仑与威灵顿开始战斗，当时拿破仑大约有7.2万个士兵，威灵顿有7万。拿破仑和威灵顿都在等待援军的到来，前者等的是元帅格鲁布，后者等待的则是布吕歇尔。

法军继续着对英国军队左翼的进攻。一个半小时后，拿破仑看见圣兰别尔东北方有军队向这边赶来，他认为这一定是格鲁布，遗憾的是：来的军队是布吕歇尔而不是格鲁布。布吕歇尔从格鲁布的追击下逃脱并且绕过法国元帅的视线赶到了这里。拿破仑

拿破仑巡视战场

拿破仑凭借他的军事韬略和敏锐的政治头脑，在20年间从一个科西嘉岛小贵族变成了主掌大半个欧洲的人物。

拿破仑的勋章

滑铁卢战役中的激战场面

并没有因此而想到撤退，他认为格鲁布应该会很快到达。

很多的法国骑兵死在了战场上，但剩余的士兵们毫不因此恐惧。

黄昏时，拿破仑相信格鲁布马上就能赶到，所以他仍旧带领着近卫军向前猛攻。但很快大批英国骑兵冲向了法国近卫军，近卫军伤亡惨重。这个时候，拿破仑仍在等，格鲁布仍没来！

排成了方阵的近卫军一面抵抗着英军的进攻，一面保卫着拿破仑慢慢撤退。离开了滑铁卢，拿破仑得知几十万英军主力已准备向法国进攻，而几十万俄军也咄咄逼人，即将到来。这些让拿破仑彻底绝望了。格鲁布迟迟未到毁灭了法国军队。

滑铁卢惨败，拿破仑对未来充满了绝望。然而事实真如人们所言：拿破仑的惨败完全在于格鲁布元帅的迟到吗？如果格鲁布元帅没有迟到而是准时到达救援地点那是否又意味着拿破仑会一如既往地雄霸欧洲呢？

我们只有到不可重演的历史中去找寻答案。

在滑铁卢战役中指挥普鲁士军队的布吕歇尔元帅

希特勒发动“巴巴罗萨”空战战果如何？

XITE LE FA DONG BA BA LUO SA KONG ZHAN ZHAN GUO RU HE

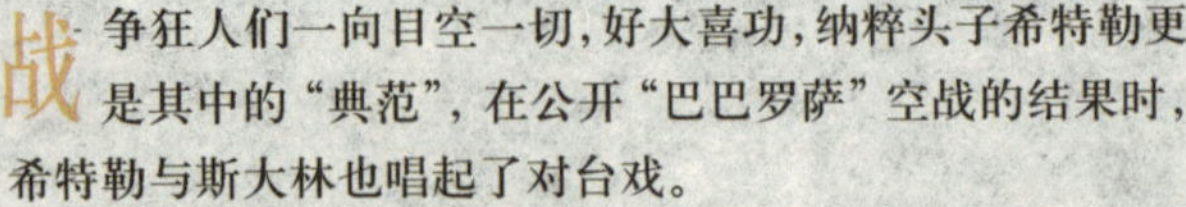

战争狂人们一向目空一切，好大喜功，纳粹头子希特勒更是其中的“典范”，在公开“巴巴罗萨”空战的结果时，希特勒与斯大林也唱起了对台戏。

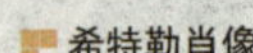

希特勒肖像

1941年6月22日夜，希特勒一手制定“巴巴罗萨”作战计划。俄罗斯人民正沉浸在和平、甜蜜的午夜之梦中。凌晨3点15分，成千上万颗绰号为“恶魔之卵”的球型炸弹带着刺耳的啸叫落下来，夜空的宁静被打破了，随着剧烈的爆炸声，到处升腾起冲天的火光。俄罗斯再也不能平静下去了，战争恶魔向他们伸出了巨手。

苏联空军蒙受了巨大损失，那么在“巴巴罗萨”空战中损失的飞机到底有多少？

这必然是个不小的数目，据德军4个航空队向德国空军总司令赫尔曼·戈林报告说：德国空军轰炸机炸毁了来不及起飞的苏军飞机1489架。此外，德军战斗机及高炮部队击落了升空的飞机322架，共计1811架。德军自己也不敢相信在如此短的时间内竟能获得如此的战绩。与此同时，戈林密令空军总司令部的军官们分别到各个已被占领的苏军机场依据飞机残骸进行一次统计调查。调查进行得很快，一份秘密调查报告呈送至戈林面前：“巴巴罗萨”空战的战果不止1811架，而是2000架以上。报告说，准确的数字已无法核实清楚，但肯定在2000架以上。

因为戈林没有对此事展开进一步深入调查，所以人们都对此战果的报道持怀疑态度。而且，在“巴巴罗萨”空战以后，苏联空军并没有公布损失飞机的数字。战争结束以后，苏联国防部出版社发行了6卷本的《苏联伟大卫国战争史》。该书称，苏联空军在“巴巴罗萨”空战的第一天损失飞机1200架，其中单在地面上被炸毁的就有800架。

苏联与德国公布的数字相差非常多，竟达

游弋在空中的德国轰炸机

激战中飞行员用望远镜观察敌机

600～800架，这差不多是一个中等国家整个空军的实力，令人奇怪的是，苏、德双方对于升空后被击落400架飞机的数字，出来的统计结果是相同的。数字的出入在于地面飞机的损失，而地面飞机的损失数字说什么也比空中击落飞机数字易于统计。

斯大林在当天早晨曾命令西部军区将所有飞机均加以伪装。但是斯大林的命令并没有得到执行。苏联空军的新旧飞机均未加任何隐蔽，整整齐齐地排列在跑道上，就像接受阅兵似的。大部分飞机来不及升空便被炸毁了。

尽管在这场偷袭战里，被炸毁的飞机到底有多少还是不得而知，但我们能肯定的是，即使希特勒大获全胜，也没能改变其最后彻底失败的命运。

空投炸弹飞向目标

诺曼底登陆成功的背后英雄有多少？

NUO MAN DIDENG LU CHENG GONG DE BEIHOU YING XIONG YOU DUO SHAO

丘吉尔曾说过这样的话："战争中真理是如此宝贵，要用谎言来保卫。"此话一语中的，泄露了第二次世界大战期间盟军诺曼底登陆计划取得成功的又一"天机"。就让我们以那些在看不见的战线上活动的幕后英雄的故事来探讨一下其中的奥妙吧！

第一个故事以一位代号为"宝贝"的双重女间谍为主人公。她的本名叫纳萨莉·萨久依安。她在俄罗斯出生，后来加入法国国籍。二战爆发后，成为德国情报部门的一员。她被派往马德里，一位她在那里结识的美国朋友改变了她的命运。这位朋友建议她效力于盟国，并帮她联系上了英国使馆。本来纳萨莉和纳粹德国的头目赫尔曼·戈林关系很好，哪知一踏上英伦三岛，纳萨莉就背叛了纳粹德国，开始秘密地为英国"军情五处"办事。英国人通过纳萨莉，获得了纳粹德国的大量情报。

艾森豪威尔将军像

整个二战期间，谍报战线的形势异常复杂，可谓我中有敌，敌中有我。有时为了达到某个目的，可谓想破了头。而有时绞尽脑汁也使不出诡计的，却又轻易地得到了。冒牌的"蒙哥马利"就是其中的一个例子。

1944年5月26日，希特勒仔细地端详着一张照片。照片上的人是英国陆军元帅蒙哥马利。这张照片是德国间谍于当天拍摄的。希特勒疑惑不解，蒙哥马利为什么要来这里。不久，又从密探那里获悉，蒙哥马利又去了阿尔及尔，并带来印有他名字缩写的手绢。苦苦思索的希特勒立即下令召集高级将

盟军在诺曼底登陆的场面

领会议。会上，大家表达了各自的意见，最终取得共识：盟军即将在法国南部的加莱地区登陆。

然而，这一切都是盟军精心设置的“铜头蛇”行动的一部分，它其实是一个圈套。所谓“铜头蛇”行动，是由英国情报部门在诺曼底登陆战前夕进行的一场秘密情报战。其内容是在诺曼底登陆作战之前，找一个与英国陆军元帅蒙哥马利长相酷似的人冒充他进行一系列掩人耳目的活动，以便以证据确凿的“事实”向德军表明，英国登陆作战最高指挥官蒙哥马利元帅已经到了非洲的直布罗陀和阿尔及尔而不在英国，从而使德国人相信：盟军的登陆地点不是法国北部的诺曼底，而很可能是法国南部的加莱地区。

蒙哥马利元帅像

假扮蒙哥马利的莱尤特仑特·克里弗顿·詹姆斯

假戏真做的布律蒂斯也在盟军登陆诺曼底计划顺利实施过程中扮演了重要的角色。

1944年初，驻扎在法国的德军兵力要比英美两国登陆部队的总兵力雄厚得多。如果德军将主要兵力集中于诺曼底，盟军的登陆行动计划肯定会受到很大的阻碍。为确保成功，盟军还决定同时采取“霸王行动”。这一行动主要是阻止德军的主力向诺曼底转移，使德军把与英国东南部仅一水之隔的法国加莱地区错认为登陆地点。“计划”虽好，但是实施起来并不容易。这时，英国人想到了“德国间谍”布律蒂斯，决定通过他假传情报，迷惑德军。

盟军为了执行这一庞大的冒险计划，也做了大量的准备工作，以配合布律蒂斯向德军传送假情报，例如派出飞机对加莱地区的德军兵营进行轰炸，制造出要在加莱同德军决一死战的架势；派出装有电台的汽车在这个地区迂回，发出几千封电报供德军监听。

这一切假象做得天衣无缝，致使德国人完全上了当。他们认为，依靠布律蒂斯这个优秀的间谍人员识破了盟军的入侵计划。于是，德军将最精锐的部队和庞大的坦克群集结在法国北部加莱地区……

当然，除了我们已知的几位幕后英雄外，还有许多不为人知的地下英雄都为这次登陆做出了巨大的贡献。正是借助他们的力量，1944年6月6日，一批神兵在诺曼底从天而降，而此时希特勒的重兵却还集结在加莱地区待命。

“巨人”电子译码器

盟军利用这种机器解开了德军的超级密码。

日本偷袭珍珠港成功

日本偷袭珍珠港能够避免吗？

RIBEN TOU XIZHEN ZHU GANG NENG GOU BIMIAN MA

日本偷袭珍珠港是第二次世界大战的转折点。从此，太平洋战争爆发，美国参战，日本走上了不归之路。美国人一直将珍珠港事件视为自己的耻辱，将责任全部推到日本一方，然而，真相到底如何呢？

著名美国历史学家舍伍德在其所著的《罗斯福与霍普金斯——二次大战时期白宫实录》一书中详细分析了美日的珍珠港事件前的外交谈判过程。日本前驻德大使来栖三

罗斯福总统对日宣战

郎1941年11月6日赴美，与驻美大使野村一起和美国举行了谈判。11月20日，日本代表作出了准备同美国达成协议的姿态，向美国国务卿赫尔递交了日本政府的“和谈新建议”。然而，11月22日，美方用所谓“魔术”的特殊方法截获和破译了日本外相东乡给野村和来栖发的密码电报。在这份电报中，东乡指示野村和来栖，日本政府20日的建议是：“绝对最后建议”和“防止某种事件发生的最后努力”。这个最后通牒的期限是11月29日，电报最后强调，“最后期限绝对不能改变。在这之后，事情将自动地发生”。11月26日，赫尔国务卿对日本的建议作了答复，向日方代表递交了美国政府拒绝日本建议的照会，即所谓《赫尔备忘录》。因为美国截获和破译了日本的密电，美国方面觉察到日本将有所行动，但并不清楚日本的具体进攻目标，对此，就连日本谈判代表野村和来栖也不知道。舍伍德指出，11月25日日本机动部队向珍珠港进发，这正是东乡密电上指定的“绝对最后期限”的前4天。这就是说，日本根本不需要美国的答复，在一本正经的、无效的外交换文还在继续之际，战争就已经发动了。

当然，这只是美国学者的看法，对于这件事情，有些日本人又是另一种说法。

日本袭击珍珠港的飞行部队总指挥官渊田美津雄于1967年再版了他的《袭击珍珠港》一书，对日本袭击珍珠港的指责作一番解释。他指出，罗斯福总统在当时那种情况下为了使美国人民在参战问题上统一起来，千方百计想找一个类似的“路西达尼亚”号邮船惨案的事情作为参战的借口(1915年5月7日，美国以“路西达尼亚”号邮船惨案为借口对德宣战，参加了第一次世界大战)。日本电报密码早已被美国先进的无线电监听系统破译了，而且，美国人早已得悉日本正在觊觎珍珠港。罗斯福对这件事情是完全清楚的，但他愚弄了人民和军队，故意使太平洋舰队处于无准备状态。

另外，当时任机动部队第一航空舰队参谋的原田也曾经写文章表示，美国政府早已得到情报。罗斯福总统深谋远虑，企图以此振奋士气。

随着影片《珍珠港》的上映，珍珠港事件再次成为热门话题，但珍珠港事件真相也许就如同那些被炸沉的战舰一样，永远无法重见天日了。

率领第一批飞机偷袭珍珠港的日本空军中佐渊田美津雄

还在准备和谈的日美双方

作为假象，日本大使野村吉三郎（左）及特使来栖三郎笑容满面地随同美国国务卿赫尔前往白宫，而此时南云中将已率领日本攻击队驶向珍珠港。对于即将发生什么，双方是不是都心知肚明呢？

伊拉克的战机外飞之谜

YILA KE DE ZHAN JIW AIFEIZHIMI

知己知彼，方能百战百胜。若是双方均能如此那就不分胜负了。可见还要做到“故弄玄虚”，知己防彼。1991年的海湾战争，伊拉克百架战机在大敌当前之际非但没有奋起反击，反而逃之夭夭，转飞伊朗。此“玄虚”弄得人们大为疑惑，至今无人知晓其中真正动机。

这支自诩为“世界上第5支最强大的军队”到底搞什么鬼？

西方新闻媒体曾对伊机外飞事件大肆报道。真真假假，扑朔迷离。使这一事件令人难辨真伪，然而归纳起来也不外乎有下面四种说法：

一种说法认为这是伊方的“韬晦之计”。众所周知，由于两伊战争刚刚结束，双方的敌对关系有所缓和。而海湾战争爆发后，伊朗即宣布中立以自保。在这种情况下，与其凭借地下防护体将战机留在国内倒不如将一些较为先进的飞机保存在中立国伊朗境内，故而战机纷纷外飞。

也有一些人士另持“未遂政变”一说。一部分西方人士纷纷猜测，伊国内的一起未遂政变可能是伊机外飞的直接原因。前苏联某官方通讯社对于这一揣测

巴格达上空弹雨纷飞

迎战美国针对性的空袭，伊拉克予以回击。

战争后期科威特油井燃起大火

伊拉克撤离科威特时点燃了油井。虽然失败已成定局，萨达姆并不认输。飞往伊朗的战机就是留作回击的一招妙棋吗？

海湾战争后期的萨达姆

也给予了证实。报道如下：伊拉克在海湾战争中表现不力，致使多国部队节节胜利，萨达姆颜面大失，遂杀鸡儆猴，将两名空军司令以“防空不力”罪处决。随后，一些属于这两位司令派系的空军将领及飞行员随即发生政变，未果。政变败露后，牵涉其中的一部分官员即驾机出逃，寻求政治避难。

美军捉到一名伊拉克俘虏

还有一种说法是“厌战开小差说”。有消息宣称，除向驻科伊军投放大量的收音机以及传单之外，多国部队还在美国示意下向伊本土投了数以百万计的传单，规劝他们弃械投降。可以说，心理战虽谈不上所获颇丰，但毕竟还是有一定成效的。故而许多西方人士认为伊空军有可能是开小差，临阵脱逃，以免多国部队“以石击卵”，做无谓的牺牲，这成为对这一事件的又一种新的诠释。

第四种就是所谓的“留作反击说”了。执行沙漠风暴的美军对伊拉克战机外飞伊朗一事心情复杂。一方面他们看到数以百计的伊战机受制于多国部队的狂轰滥炸，致使伊空军无法发挥应敌效应，只能外逃。而同时，他们也意识到这些外飞的战机有可能东山再起，成为美国及多国部队的隐患，这对于多国部队而言不可谓不是一颗定时炸弹。然而，事后伊战机的表现证明了这一担忧纯属杞人忧天，外逃飞机既无任何一鸣惊人之举，也没有卷土重来之势，其命运如何亦不为世人所知了。

“出逃”抑或“避难”、“阴谋”抑或“无计”、“厌战”抑或“保存实力”……至今这一系列疑团仍萦回于人们的脑海中，引起多方揣测。只是这些扮演神秘角色的外飞战机何去何从?阿门!愿上帝保佑他们生存至今。

执行轰炸任务的美军轰炸机从航空母舰上起飞

3

世界历史未解之谜

宗教

Religion

一

释迦牟尼真的出身皇室吗？

SHIJIA MOU NIZHEN DE CHU SHEN HUANG SHIMA

一直以来，佛教徒们都认为释迦牟尼是佛教的创始人，尊称他为“佛祖”。但是，史籍却无关于释迦牟尼生平的准确记载，我们只能从佛教经典某些不连贯的充满神秘色彩的片断中去寻找蛛丝马迹。但是由于佛经是在佛教产生很久后才编订的，即使剔除神话成分，我们也有理由怀疑有关释迦牟尼的记载是否与历史事实相吻合或接近。这样，在学术界就产生了两种不同的意见：一种认为释迦牟尼在历史上并无其人；一种认为释迦牟尼是历史上的真实人物。

前者认为，释迦牟尼在佛教传说中完全是一个神仙。他在降凡之前即是佛的候补者——菩萨，而且在他之前曾有6个菩萨已成佛。有一天，他突然被定为未来的第7位佛（“觉者”、“智者”的意思），而且他脱胎之时已到，诸神急忙为佛寻访降世的国家和脱胎之人。最后，释毗罗卫国被选中了，因为，该国国王净饭王是印度各邦中最聪明、最勇敢的王，王后摩耶“是妇女中的珍珠，以其绝色，而得中选”，成为脱胎之人。于是菩萨化作一头白象来入胎。不久后，王

释迦牟尼坐像

后受孕生下一小儿，这小儿就是释迦牟尼，他被命名为悉达多。他生下来就能行走，并精通所有书卷，熟知各种道理和故事，知道行星的数目。不久，老圣都阿私陀预言悉达多出家则成佛，在家则为统治天下的“转轮圣王”，他还指出了悉达多身上有佛所具有的种种异形体相。一日，悉达多随父去谒见天祠时，所有神像称他是“大智慧者”并拜伏在他面前。净饭王为了使他放弃出家的念头，用尽了种种办法，为他建造了春、夏、雨季三宫，让他生活在秀色粉黛之间，尽情享乐。待到他成年后，又选了完美的女子与他成婚，婚后不久，生下一个儿子，取名罗睺罗。但悉达多还是得到了出游散心的机会，神意使他看见了老人、病人和死人。人有生老病死的现实如无情棒喝，提醒他富贵欢乐的虚空幻灭。至此，他决心出家修行。在众神的帮助下，悉达多得以出走，削发为僧，并成为一位隐者。出家后，他走苦行之路，先从2个沙门，后从5个比丘，苦行6年，身体衰弱，形同骷髅，但却一事无成，诸神皆为之担忧。这时候，他也领悟到苦行无益，于是取食净身后，来到菩提伽耶这个地方，坐在菩提树下，开始苦思冥想，以求证解大道。终于他悟得大道，成为至上的佛陀，时年35岁。此后，佛陀到印度各地去传道，广收门徒，多积善功，行大量奇迹。等到他80岁时，在拘尸那揭罗的双树间涅槃。火化后，许多国王来抢分舍利(佛的骨灰)。但是到今天为止，关于佛陀涅槃的时间一直没有确定，现有60多种说法，远的定在公元前1027年，近的定在公元前370年，相差悬殊

佛陀降生

与上面相反的意见则认为：在佛经关于释迦牟尼的生平记载中，虽然有不少充满神秘色彩的神话、传说，但也有很多历史事实，基本轮廓是可靠的。释迦牟尼的诞生地就在今尼泊尔泰米地区的梯罗拉柯提废墟。在释迦牟尼逝世200多年后阿育王曾在此立一石柱，说明此处是释迦牟尼的诞生地并埋有佛的舍利。目前不仅石柱保留下来了，考古学者还在此挖到释迦牟尼的舍利坛。另外佛经记载释迦牟尼结婚也是历史事实。

佛陀鹿野苑宣法

基督教到底产生于何地？

JIDU JIAO DAO DICHAN SHENG YU HE DI

许多研究基督教的学者现在都认为基督教于公元1世纪在巴勒斯坦地区产生。

苏联科学院人种学研究所一级研究员、著名宗教学者约·阿·克雷维列夫在其所著的《宗教史》(该书是苏联方面自十月革命以来第一次对宗教史进行系统而全面的论述的专著)一书中却对上述说法提出了不同意见，他认为教会关于基督教起源的传统说法，必然将基督教的产生仅仅同巴勒斯坦联系起来。因为根据“福音书”，想像中的基督教创始人，生卒都在巴勒斯坦。但是，只要不为有关耶稣这个人物及其作为基督教创始人的信条所束缚，那么，基督教产生的地点问题，便可通过既知的事实来加以解决。依据大量事实

最早的象征基督教的符号

一个十字形的锚状物代表着希望，两条鱼则让人想起耶稣对他的门徒所说的话：“我将让你们成为人类的捕鱼人。”

早期基督教活动的密室

可以作出结论，基督教不是在居住于巴勒斯坦的犹太人中间，而是在散居异地——可能是小亚细亚或埃及的犹太人中间产生的。《新约》和《启示录》都是用希腊文写成的。关于存在亚拉姆文或古希伯来文原本的推测，没有任何事实依据。居住在巴勒斯坦的犹太作者不大可能用异邦语言给巴勒斯坦的读者写书。而散居希腊化各国的犹太人，都用希腊文说和写；因此，只有用希腊文书写才能满足他们的需要。不过，《新约》的希腊文本是否能够证明，由于其作者不是犹太人，所以基督教不是在犹太人当中产生的呢?这种假设不大能够成立。首先，《新约》和希腊文本在遣词造句方面，充满浓厚的闪米特语味道。其次，基督教跟犹太教在思想内涵上的联系非常显豁，没有推断它不是从犹太教中衍生出来的。由公元1世纪中叶至下半叶这个地区的整个历史情况证明，当时的社会存在着极端紧张的政治气氛和思想气氛。一般都以弥赛亚降临说作为思想武器去反对罗马统治的起义，此起彼伏，连绵不断，最终导致了公元66～73年爆发的犹太战争。约瑟福斯·弗拉维优斯对战争的来龙去脉作了细腻的描写。按年代，这场战争发生于基督教产生和原始基督教社团形成的时期。弗拉维优斯谈到法利赛党和撒都该党以及奋锐党、艾赛尼派和西卡尼派，但对基督教却只字不提。由于原始基督教学说的特点与犹太教其他派别相比表现得更为鲜明，基督教徒对待战争的特殊立场，必然会以某种形式表现出来，也必然会引起起义营垒中的思想家和罗马当局，尤其是作为战争积极活动家之一的这位史学家的注意。由此可以推测，当时在犹太人中基督社团并不存在。

耶酥壁画

事实是，既知的基督教最早文献资料谈到的只有小亚细亚才存在基督教社团。仅凭这一点不足以证明基督教产生于犹太人散居之地，但将上述其他情况综合起来考虑，这点却非常重要。

阿尔及利亚早期基督教徒聚居地

犹太人世代多灾多难之谜

YOU TAIREN SHIDAIDUO ZAIDUO NAN ZHIMI

犹太民族不愧为智慧的民族，在诸多荣获诺贝尔奖的科学家中，绝大多数人来自犹太民族；犹太民族也不愧为富有的民族，在当今世界首屈一指的富家之中，犹太人又占了很大的比重。然而就是这样一个充满了睿智与灵性的民族，却时时刻刻与灾难并行。至今仍有许多人流散在世界各地，无家可归。

为什么会这样呢？

犹太人原称希伯来人，是一个游牧部落，大约在公元前十几世纪时由两河之间的美索不达米亚进入巴勒斯坦。居无定所的游牧部落，起源何地无关紧要。早在公元前十几世纪希伯来人进入巴勒斯坦后就以巴勒斯坦为家，长期定居了下来，可以说犹太人的故乡就是巴勒斯坦。

"迦南"是巴勒斯坦的古称，希伯来人进入迦南后，经过长期斗争，征服了当地从事农业的迦南人，过上了定居的农业生活。他们分为两大部落定居，北面的部落称为以色列，南面的部落称为犹太。后来海上民族腓力斯丁人侵入沿海地区，以色列犹太人同腓力斯丁人进行了长期斗争。从腓力斯丁人那里，他们学会不少东西，国家也逐渐建立。以色列抽签选出扫罗做国王，由扫罗率军抗击腓力斯丁人。扫罗阵亡后，犹太首领大卫统一了南北两个部落，做了国王，建立起统一的以色列犹太国家。大卫及其儿子所罗门在位时，是以色列犹太国家的鼎盛时期，这期间腓力斯丁人被赶走，还在耶路撒冷修筑了神庙和宫殿。所罗门死后，统一国家又分裂为南北两个：南方犹太人建都耶路撒冷，北方以色列建都撒马利亚。公元前722年，亚述帝国消灭北方以

犹太会堂的惟一遗物

历经浩劫，耶路撒冷古老的犹太会堂早已风卷云散，只留下这一块方石。

犹太教的象征

彩色玻璃上蒙着眼睛的人，象征着犹太教，他左手举着棘冠，右手拿着出卖基督使其受难的契约，意思是犹太教对于救世主耶稣的死承担着罪孽。这难道就预示着犹太人必然要承担多灾多难的命运吗？

所罗门的审判 油画

色列王国；公元前586年，南方犹太王国也被新巴比伦王国消灭。耶路撒冷陷落后，犹太人被俘虏到巴比伦，史称“巴比伦之囚”。半个世纪后，新巴比伦被波斯帝国所灭。波斯帝王释放犹太人回巴勒斯坦，允许他们重建神庙恢复政权，但必须臣属于波斯帝国。此后希腊人、埃及人、罗马人相继争夺巴勒斯坦，耶路撒冷常罹祸患，犹太人大遭屠杀被迫流散各地，寄居异国他乡。

巴勒斯坦之行可谓是犹太人的灾难之始。自此以后的1000余年中，犹太人几乎没过过太平日子，尤其是在二战期间被德国纳粹肆意屠杀。有人说这是犹太人与上帝的过结所致，是上帝对犹太人没有履行约定的惩处。不管是否存在这样一个约定，有一个事实不可否认：血雨腥风中走来的犹太民族，永远不愧为是一个富有恒久生命力的、欣欣向荣的伟大的“弱小”民族。

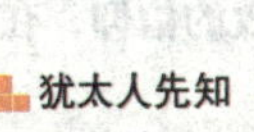

犹太人先知

耶稣复活之谜

YE SU FU HUO ZHI MI

当基督教盛行于欧洲之后，十字架便成了胜利的象征。

基督教之父耶稣因被判而遭受酷刑，被钉在十字架上，然而宗教信仰和历史学界对其是否真正死亡各持己见，至今这个问题仍是一个难解的谜团。

一个人把他钉在十字架上处死，然后有人把一柄长矛刺进他的胸膛以便确定他已死亡。他的尸体埋在一座坟墓里，据说是由经验丰富的百夫长守卫着。2天后，尸体却不翼而飞。更为神秘的是，那些了解这个人的人都说在他死后，还亲眼见过他并和他交谈过。开始，他们怀疑这只是一种梦境或幻觉，但在亲手触摸了他并和他一起进餐后，他们都相信这个人已经复活了！

众所周知，这个人就是拿撒勒的耶稣。他的复活不仅成了基督教的来源，而且成为迷惑历史学家近2000年的谜。

然而关于耶稣的生平经历史料中均有记载。

早在公元2世纪，罗马历史学家塔西陀就曾记载，耶稣是被罗马统治者朴瑟思·彼拉多判处死刑的。他还补充说，耶稣的死并未能阻止他的信徒们的“恶毒的迷信活动”。

在此之前，公元1世纪的历史学家约瑟夫斯记载，在彼拉多把耶稣钉死在十字架上后，耶稣“出现……复活，因为上帝的预言已经预示了这一切以及有关他的无数难解的谜”。

所有的复活故事，包括耶稣其它的奇迹都公然违背人类理性的信念。公元2世纪，哲学家赛尔瑟斯就把这种复活描述为耶稣门徒的一种幻想，“他们对耶稣之死是如此地撕心裂肺、痛心疾首，以致于他们诉诸于幻想的意志力，让死人复活”。

18、19世纪的理性主义取代了宗教的信仰，在大多数

耶稣受难

受教育的西方人中，赛尔瑟斯观点的各种版本已成为普遍的看法，在那些由自由主义者任教的德国大学的著名神学系中尤其如此。

到了20世纪，即使是最虔诚的基督教徒，也对把耶稣的历史交由最具理性的历史学家来审视相当满意。大家之间似乎达成了一种协议：基督教徒关心的是自己的信仰，而历史学家更应关注历史的真实。对于前者来说，是真正的基督，对于后者，则是真正的耶稣，两者之间互不关心。

20世纪80年代和90年代，一种全新的自由主义的舆论逐渐取代了以前占统治地位的对于耶稣复活的观点。随着政治因素的逐渐减弱，神学家们感到可以自由地把眼光放到耶稣的言论上而不仅仅是他的复活上，于是，他们便从对弥赛亚的盲目崇拜中解脱出来。神学家们认为，耶稣是可以以多种形象出现的：一个农民，一位圣人，一位法学博士，一位佛教徒，一位革命者，甚至是一个妙语连珠的搞笑高手。

1985年，许多持有这种观点的人聚在一起开了一场“耶稣研讨会”，在那里，成员们讨论和争论了《圣经》的戏剧性。

耶稣复活

综上所述，在学术领域里，自由主义的观点舆论始终摇摆不定，任何人在这里都可以各抒己见。

而马丁·路德、罗伯特·弗兰克早已将世俗化的内容与基督教义牢牢地结合在一起，并把它钉在了教堂的大门上。一方面是宗教信仰的真实性，一方面是历史事实的真实性，我们要辨明耶稣复活之谜似乎已无很大的意义了。

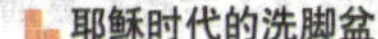

耶稣时代的洗脚盆

《古兰经》中的数字之谜

GU LAN JING ZHONG DE SHU ZI ZHI MI

伊斯兰教经典教义《古兰经》，是伊斯兰教国家的最根本的立法依据。在阿拉伯历史上具有举足轻重的地位。它的内容涉及伊斯兰教的信仰和制度、社会问题的主张和规范、各种神话传说、不同教别教徒之间的精彩辩论以及穆罕默德的个人趣事等，涉及范围非常广。

在穆罕默德在世时，《古兰经》还没有编辑成册，只是一些零散记录。后来，穆罕默德的继任者艾卜·伯克尔叫人对它进行整理，并妥善保存，直到第三代哈里发奥斯曼时期，《古兰经》才算正式形成，称为“奥斯曼定本”，留传至今。《古兰经》的原文为古阿拉伯文，共有30卷，114章，6200余节，现已出现多种文字的译本。

在阿拉伯文学史和伊斯兰教文化史上，《古兰经》的地位极为重要。长期以来，许多专家学者通过各种方法，从不同角度对它进行了研究。近几年来，又有人将《古兰经》的原文输入电脑进行分析，出现了许多令人注目的数据。其中最为奇妙而有趣的就是《古兰经》与数字“19”居然有着不解之缘，研究者们对它百思不得其解。

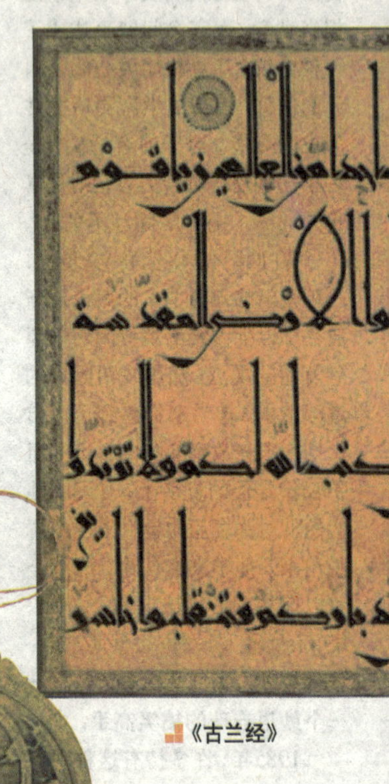

《古兰经》

10世纪的天体观测仪

《古兰经》全书114章，而114正好是19的6倍。而且，经书的第1句话由19个字母组成，这19个字母形成“名——安拉——大仁的——大慈的”4个单词，在全书中“名”出现19次，“安拉”共出现2698次，“大仁的”出现57次，“大慈的”出现114次，这些单词出现的次数，又恰恰都是19的倍数。

最早颁布的《古兰经》的经文是第96章，而此章按《古兰经》章次编排的顺序算，是倒数第19章，第1章由19节经文组成，共有285个字母，285又是19的倍数。此外这一章的第5节经文，由19个词组成。根据《古兰经》奥斯曼定本，这19个单词，是由76个阿拉伯文字母组成的，而76也是19的倍数。

另外，《古兰经》中曾提到很多数字，如“40天”、“12道泉水”、“7重天”、“1000年”等等，统计一下，这类数字在全书总共出现的次数为285次，而285是19的15倍。如果285次出现的数字各数相加，其和为174591，又是19的倍数。

类似上述《古兰经》与19的关系，经电脑分析多不胜数，这是一个非常有趣的现象。

在其他一些宗教信仰中，人们对数字也有着某些禁忌或是某些数字也充满了神秘色彩，而《古兰经》电脑分析的数据与19有着如此密切的联系，难道它也是某种宗教联系，抑或是纯属巧合？是后人研究的无聊话题，还是有某个不为人知的原因？对于这些人们无从知晓，但愿专家学者们的研究能撩开它的神秘面纱。

穆罕默德的阿拉伯文书法

意为“三件事使心长寿：看水、看绿草和看美丽的面容”。

《古兰经》的经台

这些伊斯兰建筑中随处可见的图案，象征着安拉创造的完美的合逻辑的宇宙秩序。

四处征伐的阿拉伯军队

麦加的克尔白圣寺

伊斯兰教的穆斯林为何要到圣地朝觐?

YISILAN JIAO DE MU SILIN WEIHE YAO DAO SHENG DICHAO JIN

每天功课不仅是全世界各国学生的天职，同样也是所有伊斯兰教徒的天职，只不过他们的功课内容与学生的练习大相径庭，不是数学也不是写作文，他们要做的是封斋和朝觐。

按照伊斯兰教的规定，伊斯兰历的每年9月封斋一月，称为“斋月”。封斋期间，没有特殊情况的穆斯林一般都必须进行斋戒。斋戒的内容是每天从黎明到日落停止饮食，禁止一切房事，日落后才允许进食和房事。病人、孕妇和乳妇以及外出旅行者等情况特殊的人，可在斋日免除斋戒，但日后必须按天数进行补斋或采取施舍方式进行赎免，老人和濒危的病人才可例外。

朝觐是伊斯兰教的一项重要活动，是指到伊斯兰圣地麦加朝拜克尔白的宗教礼仪活动。按照制度，凡成年穆斯林，不论男女，只要身体允许，旅途方便，而又能自筹路费，一生中至少应到圣地参加一次正规的大型朝觐活动。正规大型朝觐称“正朝”、“大朝”，每年举行一次，时间在伊斯兰历10月上旬，一般包括如下程序：

穆斯林先到麦加城郊的规定地点受戒，不得理发、修容、争吵、性交、流血及伤害一切生灵。朝圣时身穿朝觐服装，排队绕克尔白缓行7周，亲吻黑石，表示和真主安拉亲密接触。随后到附近赛法和麦尔卧山间疾行7趟。9日这天在阿拉法谷地举行隆重大典，称阿拉法日，是朝觐的主要功课。次日即12月10日，是伊斯兰教的宰牲节，投石打鬼的朝觐者，宰杀一只牲畜（牛羊或骆驼）。至此全部正朝仪式全部结束，朝觐者可以开戒了。正朝、大朝后，一般朝觐者常常去麦地那朝拜先知穆罕默德的墓地。

大朝日期以外，穆斯林也可随时单独去圣地麦加朝觐，称为“小朝”、“巡礼”或“副朝”。

“哈吉”则是伊斯兰教中对穆斯林的一种荣誉称号，是一种身份的标志。无数“哈吉”不远千里长途跋涉，只为亲吻真主安拉，铺平自己的天国之路，其虔诚之举真可谓惊天动地、泣鬼神。

先知穆罕默德出征麦加

用来装饰的方砖

上面文字表达“啊，真主”的含义

耶路撒冷城中的石窟
古代犹太人藏匿财物和食物的地方。传说中的宝藏是否就在这种地方？

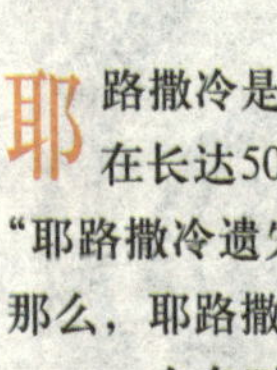

“圣城”耶路撒冷是否真的有遗失的宝藏？

SHENG CHENG YE LU SA LENG SHIFOU ZHEN DE YOU YISHIDE BAO ZANG

耶路撒冷是犹太教、伊斯兰教、基督教三大宗教的圣地，在长达5000年的文明史中，有很多美丽而神奇的传说，“耶路撒冷遗失的宝藏”之说就是其中最诱人的传说之一。那么，耶路撒冷是否真有遗失的宝藏呢？

一个名叫索尼埃的年轻神甫在1885年到雷恩堡接管那里的教堂。雷恩堡位于法国南部兰克多地区，在土鲁斯附近，是个小村落。索尼埃神甫最初的生活异常贫困。可是他在1896年竟然像百万富翁那样肆意挥霍。

曾装有“死海古卷”的经坛

许多对这桩怪事有耳闻的人，都坚信那位年轻神甫找到了地下宝藏，于是他将发掘所得想办法卖给愿意保守秘密的买家。当时有人甚至估计，很可能索尼埃发现的就是传说中“耶路撒冷遗失的宝藏”。这种猜测也有些历史根据：本来古代犹太的大笔钱财在耶路撒冷圣殿里藏着，罗马人在公元70年把它掠了去，且在罗马展览。因此，维西歌德人很可能在1885年索尼埃神甫到这里来之前，将包括耶路撒冷的宝藏在内的掠夺所得，埋在这个山区的众多隧道或天然山洞里。甚至，除了维西哥德人之外，还有别的中古时代民族，把宝藏藏在这些山洞地道内。高卢地方的法兰克人在公元5世纪时，势力强大，前后曾由好几位帝王统治，被称为梅罗文加王朝。

罗马人洗劫耶路撒冷

当然索尼埃神甫对这个地区和这个村落独特的历史极其了解，也清楚他那座建于1059年的摇摇欲坠的小教堂是在一个更古的维西哥德旧址上建造的。索尼埃在1891年把教区内的教友说服了，让大家募捐修葺教堂。他在施工过程中找到了寻找宝藏的密码。

索尼埃神甫破译了这些密码，并给后人留下提示。教堂的细致修理复原工作是由他亲自主持的，但是其中一些装饰，与环境格格不入，甚至有亵渎神圣的嫌疑，令人不解。比如，到过雷恩堡的神职人员肯定会觉得奇怪，来到教堂门口，为什么一抬头看到的就是“这地方可怕极了”这样一句话呢？一踏进教堂门口，为什么映入眼帘的第一件东西就是恶魔阿斯莫德奥斯的塑像呢？对教堂内这些怪异的事物和一点也不神圣的画像给予的最合理的解释就是，它们就是线索，为这个神甫提示财产的来源，就像开小玩笑一样。

再也没人找到过任何宝藏，难道是人们没有理解神甫留下的线索的真正意图？更没有人知道神甫可能发现并卖掉的金银珠宝的去向。当时谁有能力购买传说中的庞大宝藏？这些宝藏又流向了哪里？索尼埃神甫在尽情挥霍之后，长眠而去，留给后人的却是无尽的疑问与猜测。

运送战利品浮雕

罗马士兵运送从耶路撒冷洗劫的财物，满载而归。

印度尼西亚"千佛寺"之谜

YIN DU NIXIYA QIAN FO SIZHIMI

人们都公认由释迦牟尼创立的佛教产生于印度，然而世界上最大的佛塔却在印度尼西亚，而并非建于佛教起源国印度，这不能不说是一件令人奇怪的事情。

印度尼西亚的婆罗浮屠被列为东方文明的四大奇观之一，也是世界石刻艺术宝库之一。佛塔基座上刻有160块浮雕，这些浮雕都是根据佛经刻出来的。中部5层塔身和围墙上也刻有1300块精美浮雕，描绘了佛祖解脱之前日常生活的情景，但并不是佛教的传说，也有一些反映的是民间传说故事，有423尊塑像。这些浮雕刻画人物栩栩如生，形象逼真。

这座佛塔的名字中融合了印尼文化，并不是印度佛教文化简单的移植。"婆罗"一词来自梵文，是"庙宇"的意思；"浮屠"是古爪哇文，意为"山丘"，"婆罗浮屠"即为

婆罗浮屠有五百多尊佛的坐像

庄严壮观的婆罗浮屠

迄今为止，婆罗浮屠仍有许多秘密不为人知，相信随着这些谜团的解开，人类对于宗教和历史的理解会更进一步！

“山丘之庙”。佛塔的数量很多，佛像也很多，庙中佛像有1000多尊，大型浮雕1400余块。所以，在爪哇历史中，这座佛塔又被称为“千佛寺”。佛塔被后人发掘出来后，大批学者纷纷前来对它进行研究。然而，时至今日，它的秘密也越来越多，人们都在努力探索，但都未能揭开这些秘密。

最高平台上的佛像和钟形佛龛

秘密之处首先在于建筑。关于佛塔的建筑年代在任何史料中都没有明确的记载。据考古学家们考证，从跋罗婆文写的碑铭上看，那些建筑年代久远，大约在公元772~830年间，具体什么时间却无法确定。

其次，塔内众多的佛像、雕石均有着深刻的含义。然而，它却不是容易为今人所理解的。迄今为止，世人能够理解的仅占20%。如《独醒图》表现富贵不能淫；《救世图》赞扬佛的慈悲宽宏；《身教图》则教育人们不要冤冤相报，而剩下的大部分佛像雕石今人都已经很难理解其深刻含义了。

还有一个更多巧合的秘密是数字。在婆罗浮屠的整个建筑中，多次用到了“8”、“10”等数字。3层圆台上的小舍利塔的数目分别为32、24、16，塔内佛像总共有504尊，全部都是8的倍数。佛塔建筑中所有舍利塔的数目是73。而“73”的个位数与十位数之和恰好是10，这是佛教中一种圆空、轮回的教义的体现。另据传说，原来塔内佛像总数为505尊，后来由于塔顶原来的佛像修行圆满，达到涅槃，远走高飞了，所以现在的只剩下504尊。原佛像数505这3位数之和也是10，这与舍利塔的总数目具有相同的道理，即从0出发，经过9个实数后，回复到0，故10等于0。佛像在数字方面时时都注意体现教义。

随着佛塔神秘面纱的揭开，也许会出现越来越多的类似的谜，人们目前还无法完全去破译这些谜的谜底。但相信时间的推移和高科技的发展，神秘的千佛寺将完全地展露在世人面前。

婆罗浮屠是印度神话中须弥山的缩影

波吉亚像

教皇亚历山大六世的私生女品行如何?

JIAO HUANG YA LISHAN DA LIU SHIDE SISHENG NU PIN XING RU HE

丈夫死后几周，便能寻欢作乐，悠闲自在，对这样的妻子，你会给她什么样的论断？狠毒、淫乱亦或是水性杨花、不知检点？

卢克雷齐亚·波吉亚是教皇亚历山大六世的私生女，第一个指责她乱伦的是她的首任丈夫斯福尔扎。她13岁就嫁给斯福尔扎。他们的婚姻谈不上爱情，根本就是出于政治利益而结合在一起的。到了解除婚约的时候，波吉亚家族便把斯福尔扎身体的缺陷作为理由，公然称斯福尔扎无法履行丈夫的职责。对此，他无话可说，于是指责教皇为了和波吉亚乱伦，所以才赶走他。这种指责一点根据也没有，不足为信。但婚姻破裂的时候，波吉亚似乎怀过一个西班牙小伙子的孩子。教皇为了免使波吉亚有失颜面，同时让孩子姓波吉亚作为遮掩，就发布了一项说孩子是切萨雷·波吉亚和一个不明身份的罗马人所生的公开声明。

亚历山大六世像

然而波吉亚并不像传言所称的那样糟糕。与家族的其他成员相比，她品行已是相当端正了。尤其值得注意的是，她与日后被册封为费拉那公爵的一位贵族结婚时，这位贵族派他的一个不对波吉亚家族抱幻想的特使对波吉亚的人品性格进行了审察，特使私下向主人报告说："无疑波吉亚仪态端庄，美艳照人；而且天资聪慧，所以我们不可以也不应该怀疑她有任何不道德行为；她对人对事，莫不和蔼可亲、温文尔雅；此外，她还是一名天主教徒，十分敬畏上帝。"

她不但是个虔诚的天主教徒，还是个博学的女人，她能用西班牙文、法文、意大利文3种文字作诗。她已经和过去划清界限。此后她除了一次与一个威尼斯诗人交往有失检点外，已一心一意去相夫教子，努力去做一个贤妻良母，并且资助创办艺术活动，对夫家的宫廷产生较大的影响。

1519年，经过第11次怀孕之后，波吉亚再未醒来。难产导致佳人早逝，也使所有爱戴她的人们深感悲痛。意大利各地一封封真挚感人的吊唁信函如潮水般涌来。

综上所述，长期以来历史学家对波吉亚的淫乱蔑称看来还有待考证。

16世纪两位典雅的贵族妇女画像

教皇约翰·保罗二世为何被刺?

JIAO HUANG YUE HAN BAO LUO ER SHI WEI HE BEI CI

教皇约翰·保罗二世像

在1981年5月13日下午5时20分，名号等身的罗马教皇约翰·保罗二世应声而倒。救护车急速前行……

人群中引起了一阵骚动：万人瞩目的教皇遇刺了。是谁如此胆大包天，竟在光天化日之下开枪射击“耶稣的在世代表”?

行刺教皇的凶手当场就被缉捕了。据调查，这是一名23岁的土耳其人，名叫穆罕默德·阿里·阿贾，是一名正被国际通缉的右派纳粹恐怖分子，刚从伊斯坦布尔的监狱里逃了出来。据土耳其阿纳多卢通讯社称，就在阿贾越狱的第3天，他便致函《国民报》扬言要谋害教皇。他是5月9日乘飞机到达米兰的，直到案件发生两天前才来到罗马。

在服刑18个月后，阿贾开始改变供词，并声称谋杀教皇这一行动是一个“国际阴谋”，事后可得到120万美元的赏金。他还将与此案“有关”的几名保加利亚人和另外4名土耳其人的行动供出。

保加利亚巴尔干航空公司驻罗马办事处的副代表谢·

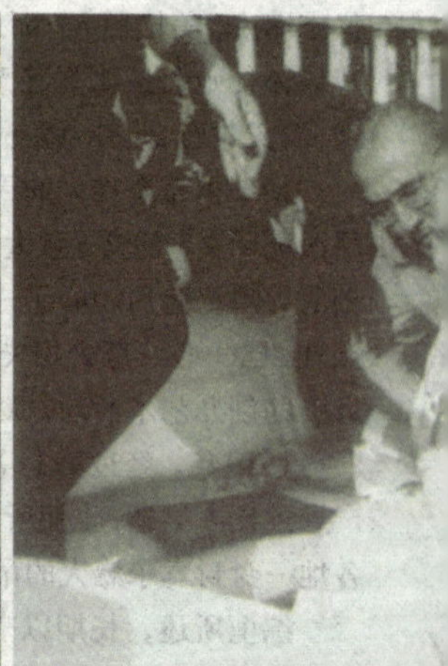

保罗二世被刺的一刹那

随从人员救护保罗二世

安东诺夫参与策划了谋杀计划，并在谋杀行动前将阿贾和另一名凶手送至圣彼得广场。

保加利亚驻罗马大使馆会计托·阿伊瓦佐夫陪同凶手前往圣彼得广场，并安排帮助凶手作案后逃离现场的卡车。

教皇的来访让信徒们欣喜若狂

参与策划谋杀和计划安排卡车帮助凶手逃离现场的是保加利亚驻罗马大使馆武官处秘书热·瓦西列夫。厄·切利克，土耳其人，对教皇进行谋杀的另一个凶手，教皇所中的第3枪就是他打的，他当时还准备以2颗炸弹来掩护逃跑，但不知什么原因，炸弹没有投出。谋杀教皇用的手枪是由厄·巴哲提供的。由土耳其人贝·切伦克为凶手提供120万美元的赏金。土耳其人穆·切莱比，参与策划谋杀计划。

根据阿贾的供词，意大利保安当局于1982年11月25日逮捕了安东诺夫，先后将巴哲和切莱比捉拿归案。但阿伊瓦佐夫和瓦西列夫已在此之前离开意大利逃回国，切利克和切伦克也相继逃离意大利。切伦克后来在保加利亚被捕，切利克则至今下落不明。

值得庆幸的是，由于抢救及时，教皇最终得以脱离危险。但对于凶手的追查和有关此次刺杀事件的动机都还有待揭晓谜底。

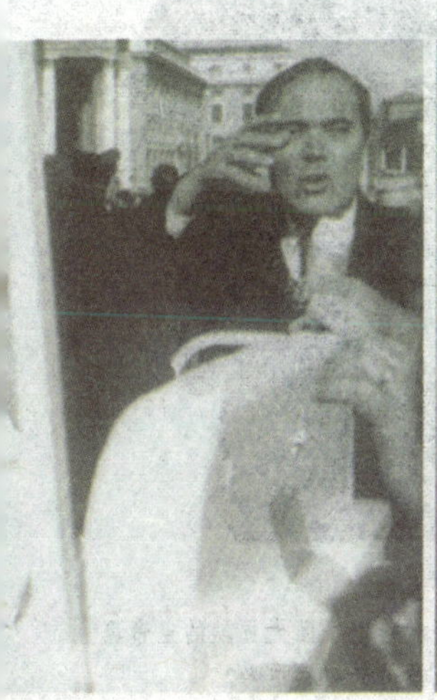

保罗二世与阿里·阿贾在监狱会面

世界历史未解之谜

政事

Political Events

君士坦丁为何将基督教立为国教？

JUN SHITAN DING WEIHE JIANG JIDU JIAO LIWEIGUO JIAO

名列世界三大宗教之首的基督教，其发展之初也曾受到来自社会各界势力的重重抵斥。尤其是在信奉多神宗教的罗马。直到公元313年罗马皇帝君士坦丁颁布米兰敕令，在罗马帝国内施行自由的宗教信仰，基督教才初次取得与其他宗教相同的权利。一直到君士坦丁统治后期，基督教虽然没有取得合法地位，但实际上已经是罗马国教了。直到公元4世纪末，狄奥多西原厄斯一世开始排斥异教信仰时，基督教才正式确立为罗马国教。

罗马皇帝何以如此摒弃传统虔诚之至地皈依基督呢？

长久以来有一个故事在不断激励基督教徒。公元337年，君士坦丁辞别人世后不久，塞沙里亚主教优西比乌在《君士坦丁传》中收录了此事。据说君士坦丁在公元312年10月某一天带领部队直逼罗马城，想从劲敌马克桑蒂亚斯手中把罗马夺取过来。这时君士坦丁在夕阳照射的天空看见一个巨大的十字架，一侧写有一行字句："凭这个标记可以取得胜利"。就是那一天夜晚，基督显现在君士坦丁梦中，

君士坦丁头像

这位为基督教作出了巨大贡献的皇帝真的见到了上帝神秘的启示吗？

嘱咐他举着绣上基督标记的军旗进攻，否则，将不能取胜。君士坦丁立即命令匠人用纯金打造旗标，上面用宝石连缀成一个代表基督名字的图案，表明他将对基督效忠；根据一些记述，兵士的盾牌上也漆上了一个十字架。于是，君士坦丁的部队，在台伯河密尔维安桥上取得了胜利；马克桑蒂亚斯淹死在台伯河里。君士坦丁得胜后，挺进罗马，自此成为一个坚定不移的基督徒。

早期的罗马基督教教堂

优西比乌说那件事是皇帝亲口告诉他的，君士坦丁还对天发誓说此话千真万确，更说不但是他自己，就连在他身边的士兵也非常清楚地看到了出现在天空中的耀眼的十字架。但后世的人对这一记载，有一些怀疑：第一，为什么这项如此惊人的天象启示在皇帝死之前要秘而不宣，直到他死后才让别人知道呢？第二，一夜之间，如何能制成一面镶嵌宝石的精致旗标呢，更何况几乎一造好就被带到战场上去了（尽管优西比乌或是君士坦丁本人，没有清楚明确地说出基督显灵的时间和地点）？还有，既然君士坦丁如此神奇而迅速地皈依基督教，为何要等到去世那年才接受洗礼而成为一名基督教徒呢？

当然，优西比乌记述的故事在各方面不一定都翔实可靠。但是有一点是不容置疑的：一定有什么极为罕见的事情发生在那位皇帝进军罗马城前夕。有些学者认为，君士坦丁看到的幻象可能是由气象学家所说的日晕现象引起，大气层上层的冰晶体在太阳光的照射下，便形成地上人所看到的光环。这些光环在非常偶然的情况下相互连锁，就形成了某些观察者所看到的十字架形状。或许这可以对那天黄昏的幻象进行解释，但之后出现的梦境就不一定能解释了。无论怎样，从此，罗马帝国军队在他有生之年，一直在绣有君士坦丁基督标记的军旗下行军。他在这个旗标下所向披靡，战无不胜。

基督教战前显灵，助君士坦丁一臂之力，最终得以修成正果。故事娓娓道来，似真有其事，但无论怎样，这也只是传闻而已。气象学家理论联系实际的阐释，有始却未能善终。

《圣经》经卷

罗马帝国覆亡之谜

LUO MA DIGUO FU WANG ZHIMI

公元410年，哥特人首领阿拉里克率领日耳曼蛮族大军攻占了有“永恒之城”之称的罗马城，西罗马帝国逐步走向灭亡。但这次事件，并不是西罗马帝国灭亡的真正原因。那么西罗马帝国覆亡的原因何在呢？

在公元410年攻克罗马城以前许久，哥特人就在逐渐慢慢地沿用罗马人的风俗习惯，而在边远地区居住的罗马人，几百年来，也不断接受蛮族文化的影响，同时日耳曼民族雇佣的罗马士兵也日渐增多，他们对罗马当然不是忠于职守。

因此，阿拉里克于公元410年攻克罗马，并非对罗马帝国致命的打击。不过，因为那是罗马帝国800年来第一次被打败，心理上的伤害，很难估量，也许比破坏建筑物更加不能挽回。这个原因使人们更加容易理解，为什么阿拉里克攻克永恒之城，在历史上一直被看做是罗马帝国灭亡的象征；

加德塘三层引水渠

跨越法国南部嘉顿河深谷，这座既实用又壮观的水渠是罗马工程最精湛的功绩。

而汪达尔王盖塞里克于公元454年攻陷罗马时烧杀抢掠更甚的事实，反而不算什么。

古罗马酒壶

最近掌握的证据，对解释罗马因何在公元5世纪为哥特人不费吹灰之力一举攻克，也许帮助很大。1969～1976年，在英国南部赛伦塞斯特展开的挖掘工作，在一座公元4世纪末5世纪初的罗马人的墓群里，找到了450具骸骨，多数骨头中的含铅量，是正常人80倍之多，儿童骸骨则更加厉害。这些人可能死于铅中毒，虽然未能证明这一点。

用船装酒运往罗马的浮雕

罗马人喜爱纵酒狂欢世所闻名，但他们的溃败真是因为铅中毒引起的吗？

罗马人对他们的优良供水系统引以为傲，通常都以铅管输送饮用水。罗马人用铅杯喝水，用铅锅煮食，甚至用氧化铅代替糖调酒。吃下如此多的铅，一定会全身无力，吃下大量的铅还有另一个恶果，就是丧失生育能力。后期的罗马皇帝经常鼓励夫妻生育更多子女，可能是为预防人口减少，虽然并无精确详细的人口消长数字证实有这种现象。即使吸收微量的铅，对生殖能力也有影响，所以罗马人很可能因为喝了含铅的酒和水而致死及致使帝国覆亡。

但这种看法并没有充分的依据，只是根据少量考古资料提出的猜测，这种假设还有待更多资料加以证实。

铅中毒也不可能是罗马城于公元5世纪被攻陷的惟一原因。如果是这样，东罗马帝国为什么能在西罗马被灭亡后，继续存在1000年呢？当然，东罗马帝国仍然能存在，原因很多：边疆不长，较容易抵御，可避免外族入侵；同时，东罗马帝国国内治安维持较好。但有一件事情也值得人们关注，就是东罗马帝国境内的铅矿较西罗马少得多，所以当地居民只得凑和使用自认为较低劣的的瓦锅和陶杯。罗马帝国灭亡的真正原因在哪里？也许还有更多的秘密有待探寻，还有更多的谜团有待解开，人们期待着罗马帝国覆亡的原因早日真相大白。

东哥特人的酋长像

古代日本人到唐朝“留学”仅是为了学习吗?

GU DAIRIBEN REN DAO TANG CHAO LIU XUE JIN SHIWEILE XUE XIMA

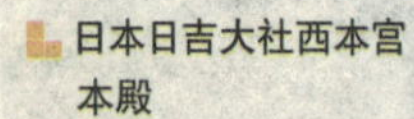

日本日吉大社西本宫本殿

唐太宗像

今天，“出国留学”已成为国人谈论的一个热门话题，而距今1000多年前，“大唐朝”却常常要迎接大批的来自周边各国的“留学”人员，尤其是地理位置优越的日本使节和商人。

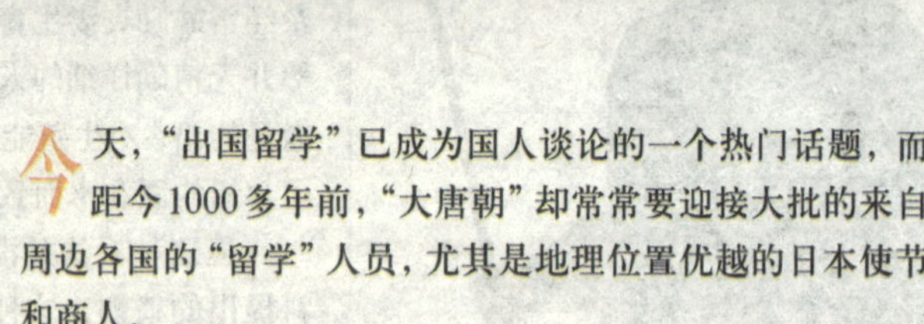

公元618年，唐朝取代隋朝。日本人凭借地理位置优势，络绎不绝地前往唐朝，天皇政府正式派出的“遣唐使”数目也大大增加，达到了空前频繁的程度。唐太宗李世民在公元630年刚刚即位那一年，以犬上御田秋为首的日本第一次遣唐使到达长安。从此，日本连续不断地派遣遣唐使。从公元630～894年的200余年间，日本政府共向唐朝派出19次遣唐使，其中有两次受阻而未成行，有1次是为了迎接前次遣唐使回国，有3次为护送唐朝使节回国，所以，实际算来日本正式委派并到达唐朝的遣唐使应为13次。即使这样，也可看出日本遣唐使的频繁，那么，日本为什么要向唐朝派遣这些人员呢？

中国古代经济文化在唐朝发展到了空前鼎盛时期，南洋、中亚、波斯、印度、拜占廷、阿拉伯各地大小国家纷纷派遣使节和商人前往唐朝学习唐朝的先进文化，经营中国的丝绸、瓷器及各种工艺产品。

相比之下更有地理优势和进取精神的日本人更不会落后，为了学习中国的治国经验和文化制度，天皇政府才派大批使臣、学者到中国参观学习，在日本史书上遣唐使又称“西海使”或“入唐使”。遣唐使团初期规模较小，通常每次仅有一两艘航船，每艘航船大约载120人左右，后来使团的规模逐渐扩大，每次使用4艘航船，团员多达500余人。因为遣唐使团通常都是4艘航船一起拔锚起航，又一起扬帆归来，所以日本的文学作品往往把遣唐使称为“四舶”。遣唐使团由政府使官、学习访问人员和航海工作人员组成。

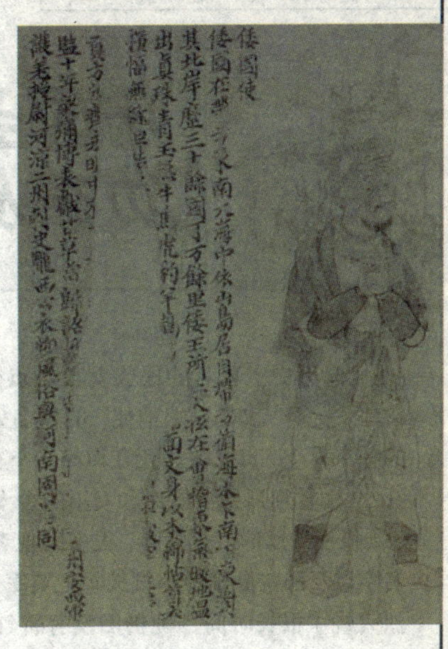

唐朝倭国使者像

在日本使者谦逊好学的背后，是否隐藏着更深的目的呢？

日本政府对派遣遣唐使极为重视。所有使团人员均由精挑细选而出，凡入选使团者一概予以晋级，并赏赐衣物。政府还对留学生给予优厚待遇，一般的船员免除徭役，使团官员予以一定程度的资助，希望他们学有成就，回国效力。在使团起航前夕，要举行隆重的“拜朝”典礼谒拜天皇，天皇向正副使节赐予“使节刀”，接下来举行饯别宴会，甚至有时会专门准备唐朝筵席。

日本遣唐使极大地促进了中日之间的经济文化交流，但当时经济文化主要是唐朝流向日本。唐朝的工艺美术、生产技术、文史哲学、天文数学、建筑学、医药学、衣冠器物、典章制度等都陆续传到了日本，近几年来还曾在日本发现数万枚“开元通宝”。日本受中国文化影响很深，至今，日本民俗风情和生活习惯中仍然保留着浓厚的中国古代文化痕迹。

值得注意的是，日本遣唐使到中国的目的仅仅是为经济文化交流和“学习”吗？日本对中国的野心由来已久，有人认为日本对中国窥探就是从遣唐使时开始的；还有人认为遣唐使与元、明时期的倭寇有联系，因为当时限于本国实力和惧怕唐朝国力而由“寇”转为“使”，冠冕堂皇地出入中国，也许这些人是无中生有，也许确有依据。

和同开珎

这枚银币铸造于日本奈良王朝元年。此银币形制和重量与唐开元通宝完全相同，足见唐朝文化对日本的巨大影响。

日本东照宫的唐门

法国圣女贞德从火刑台上逃走了吗？

FA GUO SHENG NU ZHEN DE CONG HUO XING TAISHANG TAO ZOU LE MA

法国历史上著名的民族女英雄贞德于15世纪被教会以"女巫"和"异端信徒"的罪名处以火刑。1431年5月的一个早上，贞德被烧死在卢昂一个公众广场上，这个形体纤小、被宣判为异端信徒和女巫的少女在一万多人的注视之下，很快被熊熊烈焰吞噬。很多围观者都听到她高喊耶稣的名字以及那些激励她率领义军把英军逐出法国的圣徒名字。烈火烧了很长时间，她仍旧没有断气，最后她在低吟一声"耶稣"后，便辞别了人世。围观者亲眼看到行刑者扒开火堆后，一具烧焦的尸体露出来。行刑人向周围观者展示贞德烧焦的尸体之后，又一次点燃烈火，将尸体烧成灰烬，之后把这些灰烬撒入塞纳河。不过，当时观看行刑的人，此后曾说起焚烧贞德尸体那时的神奇的景象，一名英国士兵说他亲眼看到在贞德的灵魂离开肉身时，一只白色鸽子从火堆里缓缓向高空飞去，嘴里还有着动听的鸣叫声。一些人说看到火焰中有"耶稣"的字样出现，那分明是贞德灵魂没有散去。不久，有传说说贞德的肠脏和心没有给烧掉，仍然保持完整。又过了不久，又有人说贞德仍然活在人间，火焰根本没有伤及她。不过在很长一段时期内，一个传闻言之凿凿，大多人都很相信这一说法：贞德并没有被烧死在火刑台上，那被烧死在火刑台上的，并不是贞德本人。

贞德像

贞德的两个兄弟就抓住了法国人乐于相信这位女英雄仍活在世间的心理，从中牟利，精心布置了一个令人心寒的骗局，并因贞德的声望而尽享富裕生活。在贞德死后5年，即1436年，两人又一次渲染了贞德仍在人间的传闻。兄弟俩人带着一个披甲策

贞德受刑

也许正是由于法国人民对贞德的感激和崇敬，才会一再传扬贞德仍然活着的消息。但贞德真实的命运又是怎样的呢？

百年战争中的激烈海战 油画

马的年轻女子突然在奥尔良的街头出现。他们宣称此女子就是贞德，被施以火刑的不是贞德，而是另一个女子顶替的。实际上，那披上盔甲的女子名叫安梅丝，是个女骗子。在假冒贞德之前，她曾在意大利教皇的军队中服过役，有过一段军旅生涯，当时，她的娴熟的马术和威武的外型，深受群众喜爱，使见到她的人理所当然地相信她就是贞德。法国人既然失去了民族英雄，这也属人之常情。

对贞德两位兄弟的说法，奥尔良市民深信不疑；甚至把自贞德牺牲后一直为她举行的纪念仪式也废止了。贞德的两兄弟以及女骗子的骗局最初是无往不利，处处得逞。在奥尔良及其他法国城市广受尊敬，并享尽美酒盛筵，但好景不长，他们的骗局在4年后终于被揭穿了。安梅丝于1440年在巴黎原原本本供认出由她参与的骗局。不过，假冒贞德的事件已产生了深远影响；虽然关于贞德在卢昂一个公众广场逃出的谣传，已被确认为无稽之谈，但是部分法国人仍旧相信这种说法，这种传闻以后又在法国民间流传了数百年之久。

后来，法国国王查理七世在15世纪中叶基本完成了统一大业。贞德的两名兄弟及其母亲为洗脱贞德的罪名而积极奔走，最后终于使贞德的名声得到了恢复。但尽管如此，贞德到底有没有死的问题仍没有确切的答案，四五百年后的今天，人们已无从知晓贞德的命运到底是怎样的了。

贞德率领她的人马觐见国王

列宁下令枪杀了尼古拉二世吗？

LIE NING XIA LING QIANG SHA LE NI GU LA ER SHI MA

作为皇帝，沙皇尼古拉二世可谓是“生不逢时”，他成了俄国的末代沙皇，而且最后还惨遭枪杀，那么到底是谁下令枪杀了沙皇尼古拉二世呢？

革命胜利后，尼古拉二世及其全家被新成立的彼得格勒苏维埃和俄临时政府下令幽闭在彼得格勒郊外的皇村宫中。8月，临时政府将其全家弄到很远的额尔齐斯河畔的托博尔斯克。沙皇一家一直待到十月革命胜利。1918年4月，苏维埃政权派全权代表到托博尔斯克，接受任务，随后沙皇一家又被转移到乌拉尔山脉东侧的叶卡捷琳堡。他们4月26日出发，30日才到达叶卡捷琳堡，尼古拉二世的儿子阿列克塞因生病的缘故直到5月20日才去叶卡捷琳堡。

1918年5月，苏维埃政权正准备把捷克军团遣返回去，谁知途中捷克军团与白卫分子勾结发动叛乱，从伏尔加河流域以西西伯利亚的大片土地被占

尼古拉二世像

冬宫前的广场及凯旋门

领。叶卡捷琳堡也被围攻，在押的末代沙皇，几乎要被劫走。一切都处于紧急时刻。为防止不良后果的产生，7月16日深夜，尼古拉二世被乌拉尔州肃反委员会委员雅·米·尤罗夫斯基率领的行刑人员处决了。同末代沙皇一起死亡的共11人，这11具尸体被尤罗夫斯基连夜弄到郊外的树林中焚毁。7月25日，叶卡捷琳堡被叛军如期攻陷。

尼古拉二世一家的遗骨

20世纪90年代，尼古拉二世及其家人的遗骨被发现并运往莫斯科。

这种未经法庭审判就枪杀沙皇全家的所作所为遭到许多人的非议，何况他的儿子和仆人也被枪杀，殃及无辜，让人不得不产生疑问，谁会将沙皇全家枪杀呢？

许多苏联的书，包括权威性极高的大百科全书均有记载：白军已攻围了叶卡捷琳堡，危在旦夕，为使尼古拉二世不被劫走，只有将他们就地正法，乌拉尔州的苏维埃政权于是就下命令枪杀了沙皇及其全家。

可是也有人对此表示出巨大的疑问。乌拉尔州苏维埃真有枪杀俄国皇帝尼古拉二世的权力吗？这可是关系重大的事情。瑞士人皮埃尔·日里亚尔从1906年开始就担任俄国宫廷的法语教师，从尼古拉二世被关押就一直待在沙皇左右，到皇子阿历克塞离开托博尔斯克为止。在叶卡捷琳堡攻陷后，他也非常关注沙皇安危，主动参加白卫当局的调查工作。1921年日里亚尔写了《尼古拉二世及其一家的悲惨命运》。他的观点是，全俄中央执行委员会主席斯维尔德洛夫亲自下达枪杀沙皇一家的命令是乌拉尔地方苏维埃作出的。由于日里亚尔是内幕的参与者，因此其说法颇有说服力。

后来，更有人指出，尼古拉二世地位和身份非同一般，下令处决他命令的不是斯维尔德洛夫，而是列宁。此观点在西方国家极为流行。1991年3月，美国哈佛大学理查德派斯普教授在莫斯科举行的“列宁与20世纪”的国际学术讨论会上就宣称，列宁下令枪杀了尼古拉二世。

西方国家是否出于攻击列宁的目的而提出这种说法呢？这一点只有他们自己最清楚了。而末代沙皇的死，仍是一个未解之谜。

沙皇尼古拉二世一家

希特勒血洗冲锋队之谜

XITE LE XUE XICHONG FENG DUIZHIMI

杀人狂希特勒草菅无辜并不奇怪，但是1936年6月30日凌晨，曾为混世魔王希特勒上台执政立下汗马功劳的冲锋队在一串机关枪的猛烈扫射之后随即在“世间蒸发”，遭受到了同样的噩运。以参谋长罗姆为首的冲锋队对希特勒来说不可不算是自己人。那么对自己人为何还要下此毒手？对此研究者们进行了不少考察，大致归纳出以下一些原因：

其一，冲锋队已经完成了它的历史使命。所以，无论用什么途径，冲锋队必然会从历史舞台上退出去。

其二，希特勒与罗姆之间存在着相当大的矛盾，既可以说是患难之交，但两人同时又有很大分歧。

罗姆在希特勒上台后，不仅加紧发展冲锋队，而且叫嚷着进行“二次革命”，建立真正的“民族社会主义”国家。他的这些企图使纳粹政权无法容忍，希特勒便考虑着如何把冲锋队解决掉。

其三，冲锋队与党卫队的斗争。于1925年成立的党卫队，即黑衫党，原是冲锋队的下级组织，作为希特勒铁杆卫队的党卫队，在冲锋队膨胀的同时亦迅速发展壮大。在争权取宠的竞争中这两支政治力量必然会发生矛盾冲突，特别从1929年希姆莱担任党卫队全国首领后，双方的矛盾更为激化。

其四，冲锋队不被国防军所容。德国军队在一战后受到限制，在冲锋队成立之初陆军方面出于使德国武装起来的目的，对冲锋队采取的是扶持态度，把它作为后备军。但随着罗姆想要取代国防军的意图的日益暴露，军界意识到其特权受到了威胁。部长勃

德国纳粹标志

洛姆堡强烈要求希特勒对冲锋队给予一定的限制，把冲锋队排斥在武装部队之外，只把国防军作为“武器的惟一持有者”。希特勒在决定如何取舍二者的过程中，按理说应较为偏袒他的发迹资本冲锋队，但这样做有两大棘手的问题：一是若保留庞大的冲锋队，他将很难向欧洲各国作出恰当解释，他的外交将因此而陷入难堪境地；二是如果把国防军得罪了，继承危在旦夕的兴登堡的总统职位的野心就难

希特勒检阅冲锋队

冲锋队员像

以达到。所以，经再三权衡希特勒最后决定让冲锋队牺牲掉。事实上在血洗冲锋队之前，希特勒已得到了军界将支持他继任总统的承诺。

于是希特勒便以冲锋队阴谋“二次革命”为借口，顺水推舟地将除掉惹是生非的冲锋队和取悦资产阶级这两个目的在政治清洗中“毕其功于一役”。毫无疑问，上述四点都是事件背后的原因，但最后真正促使希特勒下定决心、付诸行动的又是由何事直接引发的呢？火药桶之导火索何在？由何人直接引爆？历史学家们还在孜孜不倦以求之。

二战时的《苏德互不侵犯条约》附有秘密议定书吗？

ER ZHAN SHIDE SU DE HU BU QIN FAN TIAO YUE FU YOU MIMIYIDING SHU MA

英国《曼彻斯特卫报》于1946年5月30日登了这样一则让人震惊的新闻：1939年《苏德互不侵犯条约》附有一项秘密议定书，而且对其内容予以了披露。

不少西方学者推测1939年《苏德条约》附有秘密议定书。例如英国著名学者阿诺德·托因比等人编的《大战前夕，1939年》一书载有《苏德互不侵犯条约》的秘密议定书的主要条款。法国当代著名史学家让·巴蒂斯特·迪罗塞尔在其《外交史》中断言：《苏德条约》存在着无可争议的秘密议定书。原纳粹德国上将蒂佩尔斯基希在其《第二次世界大战史》一书中叙述了关于希特勒将部分波兰领土划给苏联、对与苏联接壤的东欧小国不表示兴趣的问题，他实际上谈到了西方国家公布的《苏德条约》的秘密议定书的一些内容。英国学者艾伯特·西顿在其《苏德战争，1941～1945年》一书也有《苏德条约》附有一份草率拟就、措辞模棱两可的秘密议定书的叙述。美国学者威廉·夏伊勒在其名著《第三帝国的兴亡——纳粹德国史》中还对《苏德条约》的秘密附属议定书的主要内容予以列举。奥地利的布劳恩塔尔也对《苏德条约》附有秘密议定书的说法持肯定态度。

日尔曼战车推进苏联

《苏德互不侵犯条约》蒙骗了苏联，不久德国便发动了侵苏战争。

中国一些学者近年来也认可《苏德条约》附有秘密议定书；有些学者还在书中介绍了西方国家公布的《苏德条约》的秘密议定书的内容。

但是，有关《苏德条约》的秘密附属议定书在苏联的出版物中至今尚未见到。1948年2月，苏联情报局在题为《揭破历史捏造者（历史事实考证）》的文件中对英、美单方面公布德国外交文件

签定条约

1939年8月莫斯科，斯大林（左二）与德国外长冯·里宾特洛甫（右四）在条约签定仪式上。

予以反对。收入《苏联对外政策文件汇编》第四卷的苏德互不侵犯条约中没有涉及秘密附属议定书的条款。阿赫塔姆江等人的《苏联军事百科全书》在谈到《苏德条约》时对秘密议定书没有提及。鲍爵姆金领导编写的《外交史》第三卷和维戈兹基等人编著的《外交史》第三卷也只字未提秘密附属议定书。萨姆索诺夫主编的《苏联简史》也持同样说法。曾参与1940年苏德谈判的别列日柯夫在其回忆录中不仅没有提《苏德条约》附有秘密议定书，而且认为：“对1939年苏德条约问题，虚假报道堆积如山。”德波林主编的《第二次世界大战史》引用了1939年8月24日苏联《消息报》所发表的《苏德条约》的条款，不但对秘密附属议定书一点儿也没提到，而且批评说：“资产阶级世界有人陷于伪造的泥潭而不能自拔，继续就条约和苏联的目的撒谎。”

中国学术界在有关苏联对《苏德条约》的秘密议定书的问题上有两种不同的说法：一种是认为苏联并未否认其存在；另一种是认为苏联否认其存在。

这样，1939年《苏德条约》是否附有秘密议定书的问题就成为人们争议的一个热点问题。弄清这个问题对于正确评价战前国际关系、深入了解第二次世界大战史具有十分重要的意义。

芬兰的厄运

芬兰被迫将近十分之一的领土割让给苏联，以此保全独立。

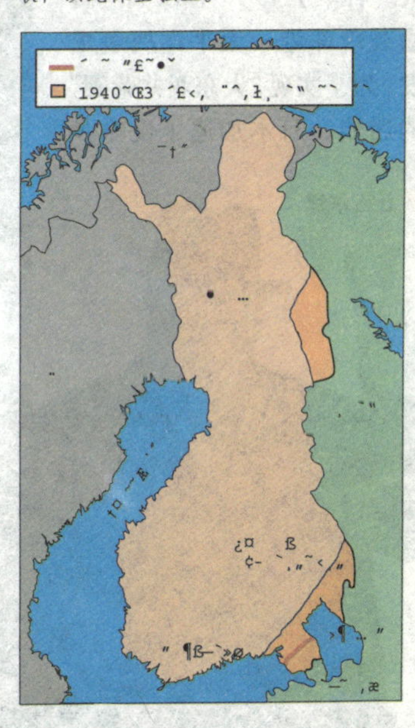

克里普斯在二战期间为何突然访印？

KE LIPU SIZAIER ZHAN QIJAN WEIHE TU RAN FANG YIN

正当世界人民的反法西斯战争正在如火如荼地进行，作为反法西斯的主力国的英国的下院领袖、掌玺大臣克里普斯却在1942年春，带着解决印度问题的《宣言草案》(亦称《克里普斯方案》)，风尘仆仆地飞往新德里访问。在大战关键时刻，英国当权人物为何要采取这一行动?他们又有什么目的呢?会谈为何失败?谁该负责?

一名英国士兵在纷飞的炮弹中英勇向前

英国战时联合内阁为什么要派遣克里普斯访印呢?目前，在国内外学者和史学家的著述中，大致有四说。一曰“丘吉尔决定说”。一般认为，是丘吉尔本人作出的这一决定。而这一决策又同当时战局关系重大。日本于1941年12月7日偷袭珍珠港，太平洋战争爆发，为了实现“大东亚共荣圈”的迷梦，日本加速了侵略步

丘吉尔像

伐。1942年春，日本先后占领了新加坡、仰光，并且威胁到了南亚次大陆的安全。印度的东大门——孟加拉和马加拉斯也随时有沦陷的可能。素以维护大英帝国利益而著称的丘吉尔首相，为了维护自己的印度殖民地免受日军蹂躏，当机立断，派遣克里普斯访印，以此来加强英国的地位。

英国“丘吉尔”步兵坦克

第二种是“罗斯福干预说”。美国一些学者并不完全同意上述说法。持此说者认为，美国总统罗斯福的影响和干预促成了这一行动的实施。因为，太平洋战争爆发后，英美两国同日本对南亚次大陆的争夺更加激烈了。当时，中美两国政府首脑考虑到盟国的共同利益以及印度所处战略地位，曾多次要求丘吉尔早日解决印度问题，以争取印度人民尽快投入反法西斯战争。

第三种是“工党压力说”。众所周知，战时英国联合内阁中，在对印行政策问题上存在意见分歧，工党内出现一股势头，要求丘吉尔改变以往的政策，放弃僵硬政策，缓和矛盾，争取让印度也加入到战争中来，特别是克里普斯，力主改善英印紧张关系。丘吉尔害怕内阁分裂，在工党的压力下，被迫作出上述决定。

第四种是“印度呼吁说”。第二次世界大战爆发后第3天，即1939年9月3日，林利思戈总督没经各党派的同意，

印度军队来到埃及

印度反对英国的示威者

甘地与尼赫鲁

二战期间，甘地虽然支持英国抗击法西斯，但斗争一直没有停止。

就擅自宣布印度参战。全印度人民奋起抗议他的这一决定，反英反战情绪高涨，印度自由派一些人士萨普鲁等人也联名上书，直接呼吁丘吉尔本人要求英国采取实际行动，以缓和日趋尖锐的英印矛盾。

然而，不论克里普斯访印的真实原因如何，这件事和它那不可解释的原因连在一起，只是在历史的长河中投下了一颗小石子，泛了泛水花，便悄无声息了。

美国在日本投放原子弹意图何在？

MEIGUO ZAIRIBEN TOU FANG YUAN ZIDAN YITU HE ZAI

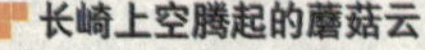

长崎上空腾起的蘑菇云

绰号“小男孩”的原子弹

原子弹的横空出世无异于上帝毁灭之手的突然降下。1945年美国在日本的广岛和长崎投放的两枚原子弹就是见证。

如此具有杀伤力的武器，美国为何要选择在日本投放？

传统的观点认为：其最终目的只是为了缩短第二次世界大战，避免美军伤亡，同时对苏联炫耀一下原子弹的威力。而且，在投放原子弹后的第二天，杜鲁门就发表声明，要日本接受提出的条件，早日投降，否则的话，日本只会自取灭亡。

但是有些日本学者对上述的看法提出了质疑。1986年3月，金子郭朗在日本《文艺春秋》特别号上发表《美国选择广岛投掷原子弹的原因》一文。

文章说，日本驻华盛顿的7名记者通过查阅美国国会公文文书馆、当时美国政府的有关机密文件和有关人员的日记、著作后发表观点：避免100万美军阵亡的说法是不可信的。当时美军绝密文件《日本登陆作战纲要》记载，美军准备在日本进行两场登陆作战，一是九州，二是关东平原，在拟制这份纲要时，美总参谋部曾征询过西南太平洋军司令部的意见，得到的答复是九州登陆作战的头30天将死亡5万多人，而麦克阿瑟坚持认为事实上不会有那么多伤亡。总之，不论从哪个文件也找不到死亡100万人的推算数字。所以，他们认为，宣称避免100万美军阵亡完全是一种夸张，是为了使投掷原子弹的行为合理化。

究其最终目的，美国为什么在日本投掷原子弹呢？记者们根据所查阅的资料证明，在原子弹研究初期，美国就已确定对日本使用原子弹，并把它当作一种“巨大的实验”。美国还曾计划把这种未有充分把握的原子弹用来轰炸集合在特鲁克群岛的日本舰队，以避免万一原子弹不爆炸后泄露机密。随着原子弹试验成功，他们坚持要用原子弹进行攻击，目标选择在人口集中，没有遭到普通轰炸的城市，以便科学家同行观测原子弹的功能，检测其威力。这是原因之一。

另有一个原因是，美国迫于议会强大的压力而最终决定使用原子弹，因为美国研制这两颗原子弹耗资巨大，花了20亿美元。

原子弹的余威还未消失殆尽，中子弹的研制已大功告成。被称为生物武器的中子弹又将被美国何时投向何方呢？当年原子弹的投放原因至今仍说不清、道不明，以后投放别的炮弹还需要理由吗？

日本投降仪式

日本外相重光葵在东京湾的美国海军“密苏里号”战舰上签定了投降条约。

被原子弹炸毁的广岛圆屋顶遗址

猪湾事件是美国中情局策划的吗？

ZHU WAN SHIJIAN SHI MEIGUO ZHONG QING JU CE HUA DE MA

在一个静悄悄的黎明，1400名装备精良的古巴流亡分子，从猪湾的吉隆滩和长滩登陆，向古巴发起了猛烈的攻击，制造了猪湾事件。这件事发生在1961年4月17日。40年后，2001年3月22日上午9点，古巴政坛的“常青树”——卡斯特罗坐在哈瓦那一家五星级宾馆的会议桌边，与昔日曾多次谋划致他于死地的敌人平心静气地讨论猪湾事件。这次会议由美国史学家、学者组织，为期3天，参加此次会议的除了卡斯特罗和其他古巴官员外，还有4名参加猪湾入侵的古巴流亡分子、2名美国前中情局官员以及前总统肯尼迪的亲信阿瑟·施莱辛格和理查德·古德温。

据美国与古巴双面的解密档案显示，猪湾事件完全由美国中情局一手策划。中情局为了给干涉古巴事务找到冠冕堂皇的借口，甚至故伎重演，借鉴1954年颠覆危地马拉政府时的经验，有意识地推动古巴与前苏联结盟，“接下来，中情局就有事可干了”。其他国家的解密文件也有令人吃惊的内容。古巴政权也在秘密加强自己的防卫能力。

中情局决定策划一次入侵活动，推翻卡斯特罗政府。1960年3月，美国中央情报局局长艾伦·杜勒斯向白宫递交了一份计划，提出把聚集在佛罗里达的古巴流亡分

卡斯特罗与古巴人民在一起

卡斯特罗像

子组织起来进行训练，并在古巴内部开展秘密活动，以此推翻卡斯特罗政府。艾森豪威尔总统表示同意，并表示美国将对这些反卡斯特罗游击队“援助到底”。

肯尼迪上台后不久，获悉中情局有此项计划，对此也表示支持。杜勒斯向他保证，入侵计划比当年推翻危地马拉政府的计划“前景更好”。

1961年4月17日黎明，中情局制定的代号为“猫鼬行动”的入侵活动拉开帷幕。猪湾事件在历史的舞台上上演。

卡斯特罗时年34岁，虽大敌当前，仍丝毫不慌，指挥若定，仅仅用了短短72小时就挫败了这次入侵活动，共击毙114名，俘虏1189名流亡分子。

那么，为什么有强大的美国政府支持的入侵行动会失败呢？关于这点，长期以来众说纷纭。在美国国内，有些人把失败归因于中情局犯了轻敌的毛病，对古巴国内会响应入侵的反卡斯特罗政权的人数过分乐观。

赫鲁晓夫与肯尼迪交谈

前苏联在猪湾事件中有何行动，至今无人知晓。

卡斯特罗接受采访

卡斯特罗和一群记者检查在古巴吉隆滩坠毁的美国飞机残骸

中情局一向做事谨慎，在准备不周的情况下，为何会匆匆策划这次入侵？况且肯尼迪曾在战斗爆发的第二天表示，“我们的克制是有限度的”，“如果必要，就单独行动”，以“保卫自己的安全”。那么肯尼迪政府为何又食言撤回了空中支援，使古巴流亡武装陷于孤立无援的境地？前苏联在此事件中又扮演了什么角色呢？

苏联是如何窃取美国原子弹秘密的？

SU LIAN SHIRU HE QIE QU MEIGUO YUAN ZIDAN MIMIDE

人类在战场上投下的第一颗原子弹，为世界反法西斯战争做出了重要贡献，然而一场新的争端也由此而生，当时世界又一军事强国——苏联，也于1945年成功地爆炸了原子弹，其研制时间远远短于美国，那么，是什么使苏联科学家有了如此神力呢？

美国《国际先驱论坛报》刊出文章，对前苏联间谍供认窃取美国原子弹秘密的经过予以披露。

苏联是如何窃取美国原子弹秘密的，多年来一直是个谜。俄罗斯科学家和间谍发表的谈话以及俄罗斯新闻界一年来发表的大量材料揭示了这一谜底。

1941年6月22日，德国入侵苏联。俄罗斯近期解密的谍报文件表明，在德国发动进攻的几个月内，莫斯科源源不断地收到了大量有关西方最秘密的武器情报。

1941年9月25日，苏联驻伦敦谍报站站长阿纳托利·

亚原子粒子实验

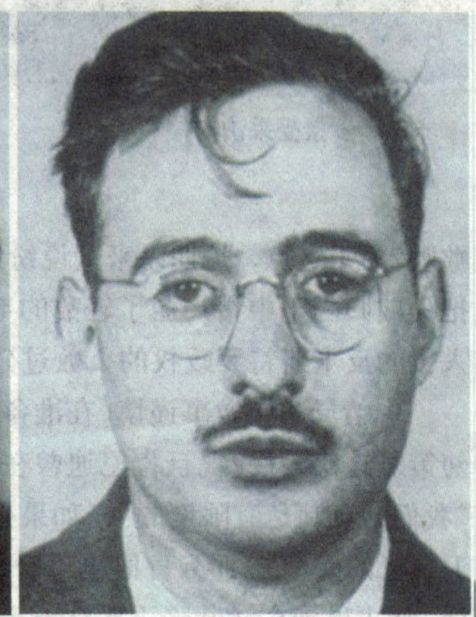

苏联间谍

（左起）盖伊·珀修斯、唐纳德·麦克莱恩和朱利叶斯·卢森堡。

戈尔斯基把英国战时内阁所属的核咨询委员会9天前举行的一次会议的备忘录，转发给了莫斯科。他报告说，英国科学家保证，可以在两年内制造一颗铀弹。

一名代号为“树叶”的间谍也就是英国外交官、著名的剑桥间谍网成员唐纳德·麦克莱恩提供了这一绝密情报。麦克莱恩不但提供了制造原子弹的技术细节，而且还将英国把修建一座铀提炼厂列为最优先项目的消息透露了出来。

间谍头子亚茨科夫声称，拉恩在纽约有一个“熟人”，是个物理学家。这个物理学家说，他应邀参加制造原子弹的绝密工作。这个情报连同一项招募这名物理学家的建议由苏联在纽约的间谍传给了莫斯科。后来，这名物理学家就成了“珀修斯”，即“X先生”。

苏联原子弹之父库尔恰托夫在近期发表的1943年3月写给克里姆林官上司的信中，证实了苏联设在欧洲和美国的间谍网取得的突出成就。他指出，情报来源发来的信息使苏联物理学家在“极短的时间内”把与核裂变有关的全部问题解决了，使之越过了“许多实验性阶段”。

俄罗斯近期解密的1946年12月31日的一份文件显示，莫斯科还从西方科学家那里得到了有关研制更先进的氢弹的情报。这份文件就是物理学家库尔恰托夫写给国家安全委员会各位首脑的一封便函，上面明确注明已收到了关于“美国研制超级炸弹”的情报。1946年2月，亚茨科夫离开美国。他说，在苏联于1949年9月进行了钚弹试验后，苏联间谍向莫斯科的提供情报的行为暂时停止了。

若真如上面材料所说，苏联人窃取了美国的原子弹秘密，那苏联(以及后来的俄罗斯)承认错误的勇气倒真让人敬佩。一向擅长谍报工作的美国人，是怎样被苏联人窃取了如此高级的秘密呢?苏联人所说的物理学家在制造原子弹的绝密工作中担任什么职务?这位X先生是谁?他是怎样将情报送出被严密封锁的研究机构的呢?这一系列谜团都随之而来，发人深思。

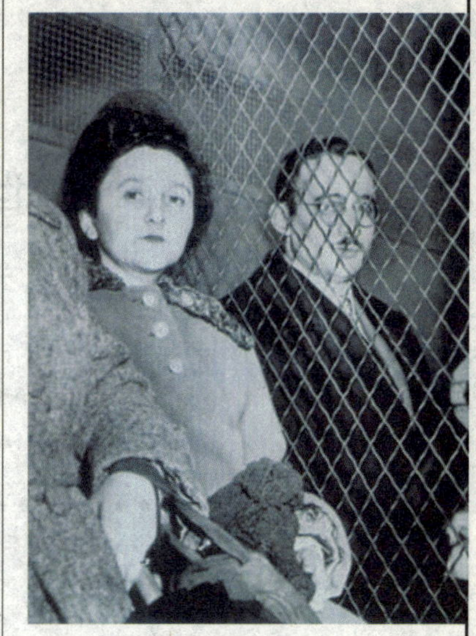

卢森堡夫妇在囚车上

1951年3月29日，被美国情报机构破获的苏联间谍卢森堡，与妻子伊斯尔被判通敌罪而运往纽约不同的监狱。他们被控密谋向苏联泄露军事秘密——包括原子弹资料。

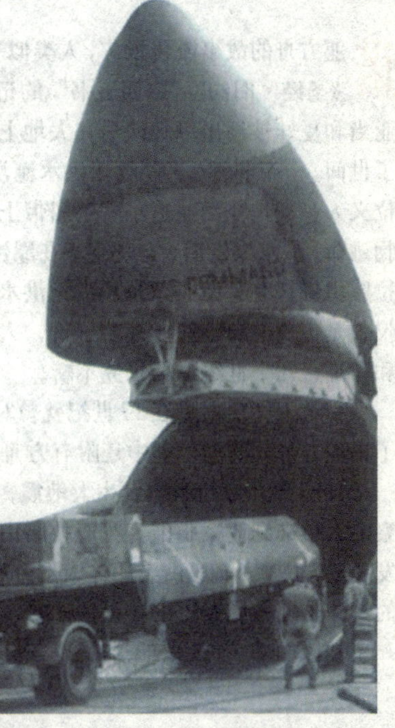

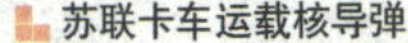

苏联卡车运载核导弹

世界历史未解之谜

文化

Culture

诺亚方舟的传说真有其事吗？

NUO YA FANG ZHOU DE CHUAN SHUO ZHEN YOU QISHIMA

诺亚方舟的故事流传很广，人类似乎也经过了一次劫难。《圣经·旧约》“摩西五书”的记载很详细：人类祖先亚当和夏娃被逐出伊甸园后在大地上繁衍生息，罪恶充满了世间。上帝非常生气，要用洪水淹没人类，但因见诺亚是位义人，于是让诺亚造了一条船带上家人和所有种类的动物逃命。洪水爆发后，方舟终于在漂浮150天之后搁浅在亚拉腊山巅。有关诺亚方舟和世纪洪水究竟是确有其事还是仅仅是传说引起了许多人的好奇，人们纷纷对其进行研究和考证，几个世纪以来研究不断。

荷兰人托伊斯早在17世纪就曾写过一本名为《我找到了诺亚方舟》的书，书中还附有方舟的插图。

1883年，亚拉腊山发生大地震，对灾情进行评估和考察的人员来到亚拉腊山，在亚拉腊山被地震震裂的地段内发现了一艘大木船，由于船体大部分在冰川内嵌着，所以它的具体长度人们无法估计，估计船体高约12米～15米。

法国的琼·费尔南·纳瓦拉在1955年7月，带着儿子

诺亚方舟

当“大洪水”威胁世界时，诺亚将饲养在地球上的动物雌雄各一只载入方舟。

拉法埃尔登到亚拉腊山顶峰，找到了嵌在冰川中的方舟残片，便把一块木板带回，经法国、西班牙、埃及等国科学家研究，这一块木板曾经被特殊防腐涂料处理过。通过碳－14测定，它的年代至少在4484年前。

当然，地球曾发生过特大洪水也得到了相当多的科学家的认同。土耳其科学家指出，大约在1.3万～1.4万年前，特大洪水汹涌的浪潮从今天的黑海越过马尔马拉海进入到地中海，并且许多人类居住地在高达数百公尺甚至数千公尺高的地方在巨大浪潮冲进地中海时即被淹没了，今日星罗棋布的爱琴海岛屿形成的原因就在于此，许多传说中陆沉的“亚特兰蒂斯城”可能也被埋藏进了海底。

马尔马拉地区在1999年连续两次发生大地震之后，挪威及法国探测船曾对马尔马拉海底的断层进行探测，证实马尔马拉海底原本是座面积很大的山谷，谷底有许多洼处，似乎是昔日湖塘的痕迹。

因在1985年找到泰坦尼克号残骸而在探险界颇有声名的罗伯特·巴拉德在2000年宣称，在距土耳其沿岸12英里远的黑海海平面以下310英尺处，他率领的一支远征小队发现了一个呈长方形的地基。他猜测在被大水吞噬以前，那里可能曾经是一座建筑的旧址。根据近来的科学发现，科学家们断言，地球上曾发生的世纪大洪水和《圣经》里讲述的诺亚方舟的故事有一定的联系。

有关诺亚方舟的真实性人们还在不断地研究着，但愿科学的发展能早日给人们一个确切的答案。

上帝创造世界 壁画

大洪水 壁画

人类文字是怎样起源和发展的？

REN LEIW EN ZISHIZEN YANG QIYUAN HE FA ZHAN DE

人类自从有了文字才进入了一个相对文明的发展阶段。世界上各个民族有关文字的起源都有许多美丽的传说，如中国的“仓颉造字”简直可以惊天地泣鬼神。由此，汉字成为迄今为止使用历史最长的文字，而其他一些使用过的古文字中，很多早已湮没在历史的典籍中了。因此，人们要探索人类文字的最早起源，最好从人类文明古国的浩瀚历史中去仔细寻找。

文字其实就是人与人之间通过约定俗成的可见符号进行交流的媒介，它是人们记录语言的书写符号系统。人类文字历史贯穿了从早期图画文字到字母文字的整个视觉联系的历史。也就是说，图画文字是文字发展的最初阶段，虽然它处在不断变化发展之中，但是世界上很多民族的文字从没有超越这个阶段。

最原始的非书面的联系手段是与利用参照物紧密联系在一起的，如中国的结绳记事等。而确切地称之为文字，始于当标记刻铸在参照物上被描绘和雕刻出来作为“文字”符号的语言。在旧石器时代早期的洞穴绘画中可以看到这种情况。古文字学家所确认的最古老的图画文字出现在公元前3500年人类文明的发祥地之一——美索不达米亚地区，这种作为原始文字的图画描述是独立于语言之外的，因为它既不想也不能达到复制声音的水平。

因为这种以“物”表达的文字与人类社会活动的扩大和智力的发展不相符合，所以当人们对这种起初带有非凡想像力的创造发明不满意时，一种新的能表达复杂概念和含义的图画就应运而生了。

它使得简单的描绘概念成为可能；使之能够一定程度地体现人类的

一篇以楔形文字书写在陶片上的苏美尔人的哲学文章，有4000年左右的历史。

蒙图霍泰普二世法老神殿上的埃及象形文字，距今约4000年历史。

抽象思维能力。那么，真正代表发音的符号是何时出现的？多数古代文字学家主张是公元前1800年。居住在两河流域的古美索不达米亚地区居民的创造的发展使人类文字的历史迈进到了音节文字阶段。

音节文字应是字母形成前的最后一个阶段。公元前3100年的苏美尔文字、公元前3000年左右的埃及文、公元前2200年的原始的印度文、公元前2000年的克里特线形文字、公元前1500年的赫梯文以及公元前1300年前后的中国甲骨文都处在这一阶段。随着文字的发展，发音符号的抽象性逐渐加强，大大超出了符号的具体性，它们愈发灵活了。

公元前3200年的陶土“书板”
上边的一块记载的可能是货物，右边的陶土块意思尚不明确，但肯定表示了更丰富的信息。

公元前5世纪希腊哥尔泰法石板上的文字

文字发展的最后一个阶段是字母文字，字母文字标志着文字规范化的到来。美国语言学家格尔帕认为，第一个能被公正地称为字母文字的应该是希腊语。希腊语在公元前9世纪充分接受了闪米特语的音节表，发展了元音制度，而且，首创元音与辅音的结合，第一次导致了完备的字母文字体制的问世。

最早的文字是公元前3000年初期苏美尔人印刻在泥板上的图画。后来，当文字的发展较为显著时，削尖的、楔形形状的茎杆笔成为常见的书写工具，这样楔子形状的文字本身逐渐地被称为“楔形文字”。这种文字最早是从上至下在圆筒上书写的，后来到了公元前2600年就改为在水平面上从左到右书写。

人类文字发展到现在经过了由复杂到简单的发展阶段，表音文字成为文字发展的最高阶段，它将越来越方便于人类的交流和发展。

这是3300年以前中国商朝时期的一块刻在甲骨上的卜辞

黄昏中的巨石阵

远古的巨石阵真的是天文观测仪器吗？

英国巨石阵遗址是天文观测仪器吗？

YING GUO JU SHIZHEN YIZHISHITIAN WEN GUAN CE YIQIMA

在英国古老而广漠的平原上矗立着许多奇特的巨石建筑，它们经历了几千年的风雨洗礼，也见证了人类历史沧海桑田的变迁。这片建筑被人们称为“古代巨石阵遗址”，它也是令人难以破解的世界之谜。

巨石阵局部

根据科学家实地考证，巨石阵最早建于约公元前2800年的新石器时代后期，那时已建成了圆沟、土冈、巨大的踵石和“奥布里坑群”的巨石阵的雏形。约公元前2000年，巨石阵建筑的第二阶段已基本完成了整个巨石阵。蓝沙岩石柱群和长长的通道是这一阶段的主要建筑。最为重要的是巨石阵的第3期建筑，时间大约在公元前1500年，这时沙石圈和拱门已建成，巨石阵已全部完工，这就是人们现在所看到的雄伟壮观的巨石阵遗址的全貌。很重要的一点是，整个巨石阵的工程需要150万人工，而整个建筑遗址中，始终找不到用牲畜和轮载工具的痕迹。

巨石阵

几百年来，人们一直被神秘的巨石阵遗址困扰着，然而为了将巨石阵的谜底揭开，有众多的科学家投入到了这方面的研究。1126年，英国史学家杰弗里编写的《中世纪编年史》是关于巨石阵的最早记录，认为巨石阵是由亚瑟王的谋臣梅林用魔法从爱尔兰运到英格兰作葬地材料用的。

对于巨石阵的研究，几百年来一直没有停止过，然而人们始终没有搞清巨石阵原先的建造目的究竟是什么。以往的考古学家大多数认为：巨石阵是举行祭祀活动的宗教场所，或是当时英格兰早期居民的基地。“奥布里坑群”里发掘出的人类遗骨能够有力地证明这种观点。但是，类似这样的巨石阵分布在地中海沿岸，其中主要是英国和法国的广大地区，这又说明它们不可能都是祭坛或墓地。

另有一些天文学者认为巨石阵是远古时代的天文观测仪器，这种观点比较令人信服。的确，巨石阵的神秘色彩与天文学有着不同寻常的联系。巨石文化专家阿特金森指出：当时蒙昧落后、没有任何先进计算工具的史前人类建造如此精密的天文仪是不可能的。英国天文学家霍伊尔提出反对意见：作为天文观测仪的材料为何不用轻便的材料和泥土而使用难以开采的大沙岩？这样不是要耗费大量的劳力吗？而且奥布里坑群中的人类遗骨与天文学也很难联系起来。况且，如果是高度发达的史前文明的结晶，为什么又消失了呢？人们因此又回到宗教这个传统观点上去，甚至有人认为巨石阵与外星人有关。

英国巨石阵遗址究竟是进行祭祀活动的宗教场所？还是古人用来观测天象的天文观测仪？还是外星人在地球活动的遗迹？抑或是其它？对于这些，人们目前都无从知晓，也许它将永远是个谜。

巨石

狮身人面像之谜

SHISHEN REN MIAN XIANG ZHIMI

在古老的埃及，应当说金字塔是最吸引世人注意的，其次就应属胡夫金字塔旁的狮身人面像了。

那么，狮身人面像究竟建造于什么时间？建造者是谁？所谓人面是何人之面？它建在胡夫金字塔旁边，与胡夫有什么关系呢？

一种观点认为，人面狮身像是在埃及古王国时期建造的，第四王朝的法老卡夫拉(其在位时间是公元前2520～前2494年)是建造者，理由是：狮身人面像的面孔与卡夫拉本人十分像，当时卡夫拉法老正是以自己的肖像为模型让人塑造狮身人面像的面部的。但是迄今为止，人们也从未见到过卡夫拉的尸体，仅凭卡夫拉的雕像不足以做出以上判断。

美国一位学者约翰·安东尼·韦斯特通过研究狮身人面像发现："这尊矗立在基沙西部高崖上的雕像，除头部之外，整个狮身都现出无可争辩的水浸迹象。"韦斯特进一步推测，理论上并没有将人面狮身像受过浸蚀的可能性排除。因为大家早就一致认为，埃及过去曾多次受到尼罗河

画家笔下的狮身人面像

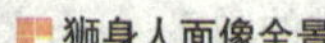
狮身人面像全景

特大洪水和海水的困扰。就在不那么遥远的古代还出现过一次这样的洪水，人们把这次洪灾归因于最后一次冰季冰川融化。一般人认为，最后一次冰季的时间是在公元前10500年前后，而尼罗河周期性特大洪水就在这之后发生。在公元前1万年前后发生的是最后一次大洪灾。据此可以推断，如果人面狮身像受过水浸，那它一定建成于洪水发生之前……如果韦斯特的推测能够成立，有关狮身人面像的建成时间则可以追溯到公元前1万年以前。

随着岁月的流逝，狮身人面像胶泥剥落，遍体斑驳。尤其是它的鼻子不知什么时候不见了，结果留下了一个难看的伤疤。有人说，拿破仑下令炮轰狮身人面像只是为了找到通往金字塔的秘密通道。也有人说，它是被拿破仑的士兵当作靶子用大炮轰掉的；而另据中世纪阿拉伯著名的史学家马格里齐记载，石像的狮身部分一度曾为沙土所覆盖，经常有人前来对它顶礼膜拜。有一位名叫沙依姆·台赫尔的苏菲派教徒为了反对偶像崇拜，就爬上石像的头部，用斧头将它的鼻子砍下，造成石像被毁容。马格里齐还说，狮身人面像被毁容以后，飞沙把附近的农田掩埋，造成了十分严重的自然灾害，当地老百姓将其视为太阳神发怒的结果。

当然也有人认为，将狮身人面像鼻子毁去是自然力作用的结果而并非人为的。狮身人面像由一块完整的岩石雕成，而雕像的鼻子部分由于石质较差，更容易受到风沙侵袭。

阿蒙内姆哈特法老的狮身人面像

胡夫金字塔及狮身人面像

古巴比伦城墙遗址

“空中花园”真是古巴比伦国王所建吗?

KONG ZHONG HUA YUAN ZHEN SHIGU BA BILUN GUO W ANG SUO JIAN MA

作为世界古代七大奇迹之一，古巴比伦的空中花园让人惊叹不已，“想像其形而心向往之”。然而，正因为没有见到其实物的存在，从而让人对其真实性产生了怀疑。

传说巴比伦空中花园是新巴比伦国王尼布申尼撒二世所建。因为他美丽的王妃赛米拉米斯常常思念她那山清水秀的故乡，加之，她也不习惯于巴比伦炎热干燥的气候和单调的平原景色。所以，尼布申尼撒二世下令在巴比伦城中建起立体式的空中花园，以博取王妃的欢心。

但是，现在对于空中花园为尼布申尼撒二世所建的说法，不少人产生了质疑。他们认为空中花园更可能是在尼尼微而不在巴比伦。建国者不是新巴比伦国王尼布申尼撒二世，而倒有可能是早他100年的亚述国王辛那赫瑞布了，为什么有如此说法呢?

神秘题字

在这幅17世纪画家伦勃朗的绘画中，古巴比伦国王在宫殿中举行宴会，他看到一只脱离肉体的手在墙上写字，不禁惊骇万分。神秘题字预示，巴比伦将沦入波斯人之手。

空中花园

巴比伦空中花园是世界七大奇迹之一，这幅素描展现了空中花园全盛时的景象。

空中俯瞰巴比伦宝塔式建筑遗址

被誉为“历史之父”的希罗多德在其书中对巴比伦金碧辉煌的宫殿和神庙建筑以及房屋、街道、商贸甚至连浮雕、装饰等多处细节都作过仔细描述，并且盛赞巴比伦的“美丽远远超过了世界上的任何城市”。可是书中他却单单不提空中花园，这是一个疑点。

同样也是罗马史学家的色诺芬在其著作中赞美了巴比伦城墙的雄伟壮观，但对空中花园却也是只字不提。难道根本没有存在过这样一个建筑？

而且，人们至今没有找到有关尼布申尼撒建造空中花园的记载，不过在有关亚述国王辛那赫瑞布的许多文献记载中却不止一次地提到他在尼尼微城中建有一座美丽的花园，并引城外的河水入城中浇灌花木。而辛那赫瑞布的后代也常常提及，他们常在尼尼微的这个人造山形花园中以捕杀从笼子里放到园中的狮子和野驴为乐。

尼布申尼撒二世死后23年，波斯人出兵占领新巴比伦城，他们还改变了幼发拉底河道，使河道远离了巴比伦城。按理说，巴比伦空中花园的花木肯定会因为缺水而枯萎，在百年之后不可能会还保持郁郁葱葱。可是在尼尼微的浮雕却表明，亚述人不仅采用“水泵”抽水浇灌人造花园，还用水槽将山泉引入园中。即使无人灌溉，花园依然可以苍翠如初。

以上两种说法都是言之有理，证据确凿，看来，今天的人们不仅不能看到那美丽的空中花园的“倩影”，连它的存在也只能是一个谜了。

女神雕像

古希腊奥林匹克运动会是怎样诞生的？

GU XILA AO LIN PIKE YUN DONG HUISHI ZEN YANG DAN SHENG DE

举世闻名的世界性的体育盛会——奥运会现已风靡全世界，4年一届的盛会已在人们的生活中占有极其重要的位置，也成为国家间增进友谊的纽带。人们都知道现代奥林匹克运动会是在古希腊奥林匹克运动会的基础上形成和发展起来的。然而古代奥运会又是如何起源和发展的呢？它的源头及形成年代又是什么地方什么时候？这些问题留给人们很多值得思考的地方，有关它的见解也各不相同，众说纷纭。

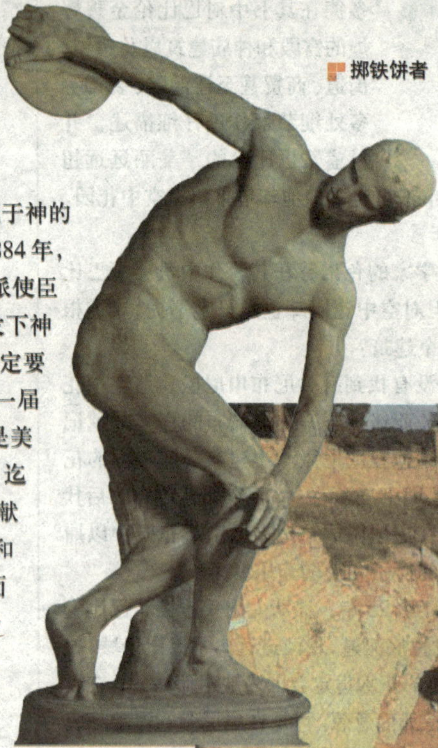

掷铁饼者

一种起源说认为，奥运会起源于神的谕示。古希腊神话中说，公元前884年，希腊国王为平息战乱，消灭疾病，派使臣去向太阳神阿波罗求签。阿波罗发下神谕：要想避免战祸，获得和平，一定要使奥林匹克赛会再兴。于是，4年一届的奥运会便创立了。这些毕竟只是美丽的神话，毕竟不是历史的事实。迄今，惟一能提供奥运会起源的文献资料，只有荷马史诗《伊利亚特》和《奥德赛》。这部古典名著比较全面地反映了公元前11～前9世纪的希腊人的社会生活，史称这一阶段为“荷马时代”。《伊利亚特》中的“帕特洛克罗斯的葬礼”一章中，记述希腊将领帕特洛克罗斯在攻打特洛伊城时不幸战死。阿喀琉斯为他举行殡葬仪式时，就举行了战车、拳击、角力、赛跑、决斗、掷铁饼、射箭、投标枪等内容丰富的竞技赛会，并发重奖给优胜者。在《奥德赛》一书中，记述了该书

奥林匹亚古建筑遗址

的主人公奥德赛，在宴饮时举行的竞技会上，曾亲自参加投石比赛，他臂力过人，获得这个项目的第一名。通过以上材料，人们可以推测，早在“荷马时代”，古代奥运会作为葬礼或宴饮的组成部分就在希腊出现了。

黎巴嫩巴勒贝克城遗址

最早建于腓尼基时代，腓尼基人曾在这里修建神庙，供奉太阳神巴勒。据说最早的奥运会就是为纪念它而举行。

近几年来，考古学的发展使得许多专家和学者对古代奥运会的起源又做过不少研究，并提出了许多不同看法。这些看法主要有3种：一是古希腊奥运会起源于克里特岛。公元前15世纪，希腊人在米诺斯王国覆灭后继承了克里特人的文化传统，建立起奥运会。英国考古学家伊文斯在1900年，对诺萨斯城进行考古发掘，发现了男子角力、赛车、斗牛等壁画，为这一看法提供了生动的实物资料。二是希腊奥运会是由腓尼基传入的。不久前，贝鲁特大学考古学家拉比·鲍罗斯，通过对地下体育场遗址的发掘发现许多铸有运动员形象的硬币和腓尼基人的史诗，从而考证出首届世界性体育比赛，早在公元前15世纪的腓尼基（今黎巴嫩一带）就举行了。他认为当初之所以举行这种体育竞赛，是为了对古腓尼基人信奉的太阳神和他们所崇拜的英雄赫拉克里斯及其祖先梅尔卡特表示歉意。这种每4年举行一次的体育竞赛后来传到希腊，促使古希腊人建立起自己的奥运会。三是20世纪80年代初，国外考古学家对奥运会的起源问题，提出了新的见解。考古学家在雅典西南130公里处的涅柏亚布，发掘出一座可容纳4万多观众的运动场遗址，并有可供13名田径运动员同时起跑的177米长的跑道。专家考证：早在公元前1256年，在这座运动场里就举行了运动会。这么看来，古代奥运会早在荷马时代之前就诞生了，比第一次有记录的首届运动会（公元前776年）提早了约500年。

奖品

在古希腊运动会上，赛跑获胜者的奖品是一只盛满了圣油并绘有赛跑场面的土罐。

奥运会的规模现在已越来越大，能举行奥运会也成为一个国家国力的象征和骄傲，在几千年后的今天探讨古代奥运会的起源和发展仍具有很高的价值，人们期待着能对它进行深入的了解。

维纳斯的诞生

全裸的维纳斯从海中贝壳里升起，据说她是宙斯和大海女神之一狄俄涅的女儿。

“断臂女神”维纳斯之谜

DUAN BINU SHEN WEINA SIZHIMI

有关断臂维纳斯的故事在世界上广为流传，人们在惊叹维纳斯之美的同时，也对她充满了疑问和困惑。

“断臂维纳斯”神像是由一希腊农民发现的。1820年4月的一天，爱琴海中米洛岛上，农民伊沃高斯带着他的儿子在耕地。正当他们打算铲除一丛矮灌木时，突然发现了一个大洞穴，走进这座山洞，一座优美绝伦的半裸女大理石雕像展现在他们眼前。这就是“断臂维纳斯”神像。

这个消息很快便被法国驻希腊代理领事路易·布莱斯特得知。于是，他赶快把这一消息报告给了法国公使利比耶尔侯爵。侯爵从伊沃高斯手中以2.5万法郎的高价买下了这座雕像，偷偷地把它装上法国军舰，运往法国。雕像现陈列

镀金花瓶

花瓶上的雕饰表现的是战神阿瑞斯和他的恋人阿佛洛狄忒的故事。

于法国巴黎著名的卢浮宫美术馆，成为卢浮宫的珍品之一。

“断臂女神”的再生使人们产生了一连串的疑问。她是谁?谁是她的制作者?她的手脚哪儿去了?断臂之前的姿态又是怎样的呢?

有关“维纳斯”名字的来源是这样的：在古希腊人神话传说中有一个专司“美”和“爱”之职的女神：阿佛洛狄忒。当这位“美”和“爱”的女神传到古罗马时代，罗马人将她称为“维纳斯”。当然，谁也没有见到过这位女神，所以自然也不可能知道她的形象是什么样的。然而，这尊在米洛岛上发现的雕像却成了她公认的形象，并被命名为“米洛的维纳斯”。有些人并不愿意使用她的这个“外国化”名字，因此将之正名为“米洛的阿佛洛狄忒”。他们这样命名的主要根据是：这座石像的脸型很像公元前4世纪古希腊名雕像家普拉克西德雷斯的作品“克尼德斯的维纳斯”的头部，所以这件作品又叫做“克尼德斯的阿佛洛狄忒”。

正因为有了这个相似之处，很多人断言她的创作者就是普拉克西德雷斯。但是也有相当一部分人认为这么优美的作品应该是公元前5世纪古希腊更伟大的雕塑家菲底亚斯或菲底亚斯学生的作品，因为作品的风格属于这个时代。时至今日，比较盛行的看法认为这是一件晚至公元前1世纪希腊化时期的作品；还有一种看法认为这只是一件复制品，仿制公元前4世纪某件原作的复制品，原件已经消失了……总之，对此说法甚多，众说纷纭。

然而，现在人们最感兴趣的可能是她的断臂：美人的手臂在何处呢?

人们曾经在发现石像的同一座洞穴里找到过一些臂与手的残碎石片。但这些究竟是不是这座雕像的手和臂的残片呢?对此，有人认为是，有人认为不是。

一些考古家、艺术家曾经尝试着为“神像”修复手臂。对于她原先的手臂形状与姿态是什么样子，人们又各持己见。

德国考古学家福尔托温古拉设想，女神的在手向前伸，小臂搁在一根柱子上，并且她的手掌里握有一个金苹果；右手下垂按住已坠落在下腹部的衣裙。还有一种较为流行的意见是：她左手前伸，握着一面盾牌，右手腾空略向下垂，但是并不按住衣服。

“断臂”给这座雕塑笼罩上了一层神秘色彩，也更增添了她的残缺美。人们在发挥无穷的想像力试图去解开“断臂”之谜，也许这个谜永远都不会有答案。

米洛的维纳斯

忒修斯传说和克里特文明之谜

TE XIU SICHUAN SHUO HE KE LITE W EN M ING ZHIM I

在古希腊神话传说中，忒修斯因其英勇而成为亮点人物。他有过许多英雄的壮举，但他最伟大的行动却是杀死牛头人身的怪物米诺陶洛斯。

米诺陶洛斯是帕西菲王后与一头公牛交配后产下的怪物。当时，强大的国王米诺斯在克里特统治着希腊，他和帕西菲结婚，但帕西菲却爱上了一头漂亮的公牛。帕西菲让发明家代达罗斯为她制作了一只木制的母牛，以便于她可以藏在里面与公牛交配。以后她生下了可怕的米诺陶洛斯——一个半人半牛的怪物。

米诺斯便求助于代达罗斯，修建了一个巨大的迷宫来囚禁这头牛头人身的怪物。每隔9年，国王都要送14个雅典童男童女到迷宫喂这头牛头人身的怪物。这也是为死于雅

忒修斯找到父亲的信物 油画

黑皂石雕成的公牛状酒器

此器皿是米诺斯人用来盛圣液的，而公牛具有特殊的宗教意义。

典人之手的米诺斯之子安德罗奇斯报仇。在忒修斯以前，从来没有一个年轻人生还。忒修斯是雅典国王埃勾斯的儿子，他自愿前往。忒修斯承诺父亲他会回来，并且将升起白色的风帆来表明他的胜利。忒修斯杀死了牛头人身怪物，走出了迷宫。这样就结束了雅典年轻人被残害的无谓牺牲，克里特对雅典的统治也就结束了。

陶瓶画

忒修斯杀死牛首人身的怪物。

对于忒修斯的故事和克里特文明，后人曾做过深入研究。1900年，牛津阿尔莫宁博物馆的理事亚瑟·伊文思来到了克里特。他的发现证明克里特不仅仅是伟大帝国的中心，而且有关忒修斯的故事远远不像曾经看起来的那般充满幻想。

19世纪20年代的艾伦·瓦斯和19世纪30年代的卡尔·布利根，发现了与克里特文明同时存在的“迈锡尼”文明的证据，这种文明明显独立于克里特文明。他们认为，在公元前1500年后某些时候，迈锡尼人征服了克里特人并接管了诺塞斯。至此，迈锡尼文明得以繁荣发展。

这些材料，在某种程度上似乎进一步证实了忒修斯的传说是有一定历史根据的。和迈锡尼人一样，雅典人是希腊人，所以忒修斯的胜利可能意味着在某次（或者连续几次）实际的战斗中迈锡尼希腊人击败了牛头人身的克里特人。

在迈锡尼人如何替代克里特人这一问题上，考古学家斯皮里宗·马里那多斯有自己的观点，他相信是自然灾害削弱了克里特，以致为迈锡尼人打开了方便之门。他认为，是锡拉岛上的火山爆发行使了这一使命。火山爆发可能源于地震，反过来又引起海啸毁灭了克里特。他坚持，地震和海啸的破坏足以迫使克里特人向迈锡尼人敞开大门。实际上，在克里特的考古学证据似乎表明，是火而不是火山灰或洪水引起了这里大多数的毁坏。

所以大多数科学家——虽然不是所有的——都否定锡拉岛火山在克里特文化衰败中扮演过重要的角色。那是否就意味着忒修斯扮演了替代者的角色呢?是忒修斯（或是他作为希腊人的象征）杀死了牛头人身的怪物（或者怪物是克里特人的象征）?由于年代久远，此外也没有众多的史料可考，也许进一步的发现和研究能为这个看似完全虚构的故事增加一点可信度，从而解开克里特文明之谜。

克里特母神

这位神是米诺斯宗教的核心。落在头上的鸽子象征着她的神圣，手中紧握着扭动的蛇则是提醒信徒记起她与地狱的联系。

希腊智慧女神为何从父身诞生？

XILA ZHIHUINU SHEN WEIHE CONG FU SHEN DAN SHENG

在希腊神话传说中，智慧女神雅典娜集其父母的智慧于一身，她的出生成为后代许多专家学者们研究的对象。

雅典娜是天神宙斯和智慧女神墨提斯的女儿。临产前墨提斯对宙斯说，将要出生的孩子一定会比宙斯更强壮、更聪明。宙斯惟恐降生后的孩子会危及他在奥林匹斯山的统治地位，于是他就将墨提斯吞到肚子里去了。不料，宙斯突然感到头痛欲裂，急忙让火神赫菲斯托斯用斧子劈他的脑袋，这时满身铠甲的雅典娜就从宙斯脑袋里呼叫着蹦了出来。这就是她那不寻常的诞生。

那么，雅典娜为什么不是脱胎于母腹，而是由父亲产出呢？她为什么偏偏从脑袋里蹦出来呢？

当然，对于神话，人们没必要探究其真实性，而应关注它的社会背景。长期以来，许多学者对此做了深入探讨，并从各种不同角度提出了不同的看法，归纳起来主要有以下三种：

宙斯雕像

有人认为，这段传说只是想说明雅典娜是宙斯的化身。在希腊早期神话中化身法是常用的造神手法。这种方法可使彼此孤立的神之间产生一种类似于人类的血缘关系，从而构成一定的体系，增强了神话的故事性和神秘色彩。

但是，更多的人则认为，这个传说反映了早期人类一定的历史状况。他们认为这段传说实际上反映了人类父权制开始取代母权制的情况。而且，雅典娜就曾经说过："我不是母亲所生的人。我，一个处女，是从我父亲宙斯的头里跳出

持盾的雅典娜神像浮雕

来的。因此，我拥护父亲和儿子的权力，而反对母亲的权力。”这意味着女人已经依附于男子，母权制已被父权制所取代。这种说法看来论证比较严密，但也是有漏洞的。这种观点如果要成立，还必须解决如下两个问题：第一，据传说宙斯的妻子是宙斯的同胞姐姐，他们在洪水灾难中死里逃生，并结为夫妻。从这里可明显看出族内婚的痕迹，如果说父权观念在人类族内婚阶段就已出现那是绝对不可能的。第二，希腊父权制取代母权制是在英雄时代，这早已成定论。从神话描写中可看出雅典娜出生距英雄时代还有相当长的一段时间，是否能说这一过程自雅典娜诞生时已经开始，尚待探讨。

还有一种观点认为，这段传说应该与雅典娜在希腊神话传说中的地位和作用有关。雅典娜在希腊神话中是聪明过人的智慧女神，所以把她说成是智慧女神和天神宙斯的女儿。为了让雅典娜没有对手，神话的创作者又煞费苦心地让宙斯把这位老智慧女神吞进肚子里，于是聪明的母亲“隐居”了。这样一来，会更显示出其女儿过人的智慧。当然，这种推论虽然圆满地解释了这段传说中令人费解的情节，但没有涉及复杂的社会背景，是否正确也很难说。

上述三种观点各有道理，但都不能成为定论。之所以如此，可能有这样一些原因：第一，早期神话产生于非理性的、原始的心理状态。第二，神话本身具有两重性。其一是历史的、现实的，它是有其历史现实基础的；其二是虚幻的，即非历史的部分。两者交织在一起，因而神话中的历史与宗教、想像与现实的界限总是模糊的。

雅典娜女神头像

她头戴羽盔，身披缠着蛇的斗篷。这是战神的形象。

雅典卫城的帕特农神庙

美洲人修建太阳门目的何在？

MEIZHOU REN XIU JIAN TAIYANG MEN MU DIHE ZAI

在世界上最高的淡水湖喀喀湖东南的安第斯高原上耸立着美洲古代最著名最卓越的古迹之一——太阳门，它是蒂亚瓦纳科文化的杰出代表。太阳门因其神秘性成为专家研究的目标。

太阳门高3.048米，宽3.962米，由重达100吨以上的整块巨型中长石雕镌成，中央凿一门洞。据说每当9月21

太阳之门

太阳之门的石雕用独块巨石雕琢而成，在正前方的上端雕着太阳神的形象。

日黎明时，第一缕曙光总是准确无误地从门中央射入。门楣正中间刻制着一个人形浅浮雕。从这个人形神像的头部会放射出许多道光线，他的双手各持着护杖，在他两旁平列着3排48个相对较小的、生动逼真的形象，3排中的上下两排是带有翅膀的勇士，他们面对神像；中间一排是人格化的飞禽。这块巨石在发现时已残碎不堪，1908年经过一番整修，恢复了旧观，放在了今天人们看到的基地上。

那么，在古代美洲居民还没有制造出带有轮子的运输工具、也没有使用驮重牲畜的情况下，到底是什么人，在什么时候，又是为什么在这云岚缭绕、峭拔高峻的安第斯高原上建造了这座雄伟壮观的太阳门呢？这个问题至今还没有正确的解答。

为了弄清这些问题，许多国家的考古工作者进行了巨大的、艰苦卓绝的研究工作。

美国考古学家温德尔·贝内特用层积发掘法证明蒂亚瓦纳科文化最早年代是在公元300～700年，而太阳门和其它一些建筑应是在公元1000年前正式建成的。他认为，这儿曾是一个宗教圣地，朝圣的人们在这儿举行朝拜仪式并建造了这些建筑。

蒂亚瓦纳科考古研究中心主任、著名的玻利维亚考古学家卡洛斯·庞塞·桑西内斯和阿根廷考古学家伊瓦拉·格拉索用放射性碳鉴定，蒂亚瓦纳科建筑应该是开始于公元前300年，而建成美洲这一灿烂辉煌文明的大约是在公元8世纪以前，一般看法认为是在公元5～6世纪。建筑者可能是居住在安第斯山区的科拉人，他们认为蒂亚瓦纳科建筑是一个举行宗教仪式的中心场所。太阳门极有可能是阿加巴那金字塔塔顶上庙堂的一部分。

美国历史学家艾·巴·托马斯也同意遗址是科拉人建立的这一理论，但他却并不以为这里曾是一个宗教中心，他说那里没有宗教和武功纪念碑，看起来却像是一个商业中心。阶梯通向的地方是中央市场，石门框上的那个人形浅浮雕是雨种，辐射状的线条是雨水，两旁的小型刻像象征着他们朝着雨神走去，以承认他的权威。

太阳门是外星人制造的吗？如若不是，那美洲人建造它的目的何在？专家们对于这些问题众说纷纭，无一定论。但人们相信，随着考古资料的不断发掘和科学技术的进一步发展，人们终会撩开笼罩在太阳门身上的迷雾的。

黄金饰品

在美洲人心目中，黄金是太阳的象征。

蒂亚瓦纳科的巨石雕像

罗马历史地区今景

古罗马人为何沉溺于沐浴？

GU LUO MA REN WEIHE CHEN NIYU MU YU

在罗马共和国建立初期(约公元前400年)，上流社会突然兴起了大修澡堂之风。罗马帝国版图日益扩大并强盛后，各城镇也继而扩展，公民生活优裕，社会各阶层盛行沐浴之风。其时，公共澡堂很受欢迎。罗马城内的澡堂是最豪华的，其内有热气室、热水浴池、冷水浴池和凉气室。

古罗马蒸气浴池及浴瓶

如果一个人跑去洗澡，往往先在特设娱乐室里打球或者做些别的锻练，随后脱光衣服在热气室内直到全身热汗淋淋，再用油洗净，然后洗热水澡，凉了之后便跳进冷水浴池以强身健体。热澡堂就像一间附设芬兰蒸汽浴或土耳其浴及公共游泳池的现代健身室。

但这并非罗马热澡堂的全部内容。罗马和其它城市的大型热澡堂规模宏大且气派，内有大理石柱、精美拼花地板、穹隆天花板、喷水池和塑像。罗马城内名喀拉凯拉皇帝修建的澡堂，方圆11公顷，可供1500多人同时洗澡。罗马市中心戴欧克里兴皇帝的热澡堂占地更广。很多热澡堂除游戏室、热气室和浴池外，还有酒吧、商店和咖啡座。

罗马热澡堂因获得国家和私人捐助，通常收取很低的入场费，有些甚至无须交费。所以无论是富人还是穷人，只要是公民便可拥往热澡堂去过过瘾，或者夸耀一番。

澡堂是拥挤巨大的喧嚷场所，为何人们还会乐此不疲地沉缅于泡澡堂呢?人们从旧电影及盛传的传说中，知道罗马人祭祀酒神的秘密宗教仪式通常在个人领域悄悄地举行。但在澡堂里有更多足以诱惑人异想天开的事物，想染指的人也很容易发现捷径。在很长的一段时间，许多澡堂允许男女共浴，因此经常招致大群娼妓大肆交易。其它公共澡堂里，许多男男女女赤身裸体，在热气室和浴池里动手动脚，也引发不少今日称为换妻的放浪行为。澡堂终致丑事频出、臭名远扬，所以公元2世纪哈德里安皇帝颁布了禁止男女共浴的禁令，而从此男女两性洗澡时间就不同了。

澡堂也成为狂饮者的最佳场所。不管在运动室或热气室里，总会感觉口干舌燥，那就更易借口喝上几大杯酒。酒使人迷失本性，结果口角和打架之类事情不断发生，喝得烂醉的人较受人注意，小偷扒手也趁机下手，流氓又借机抢劫，因此澡堂安全也成为人们头疼的事情。

不少罗马人也从沐浴风俗中看到堕落腐化的迹象。富人们喜欢夸耀财富，他们华衣盛装来到公共澡堂，带一群奴隶在两旁伺候，替主人宽衣，用油脂为主人身体按摩，再用金属或象牙制成的上有槽纹的刮板把皮屑刮净，然后全身抹上珍贵的香水。有些年老有德的人看到沐浴前的体操和游戏及涂油脂刮皮屑的夸耀行为，不禁皱起眉头。

现在，曾经辉煌奢华的罗马澡堂已成为众人观赏的废墟，罗马大厦在穷奢极欲中坍塌了。人们在追寻古罗马昔日遗风的同时不能不感慨世事的变迁和历史的无情!

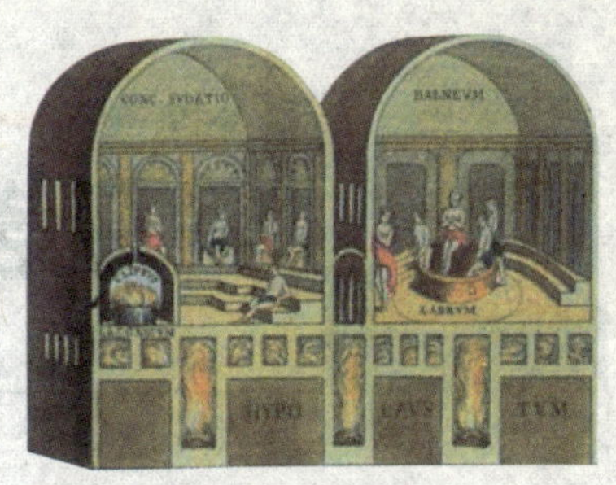

地坑集中供暖系统

古罗马的地坑集中供暖系统的原理是：热气上升，并能同时为水加热，为私人住宅的房间和公共浴室保暖。

出浴的少女

罗马竞技场上的猛兽来自何处？

LUO MA JING JICHANG SHANG DE MENG SHOU LAIZIHE CHU

巨大的竞技场内，群兽涌动，人声喧闹，欢呼声、惨叫声不绝于耳，这是人们在影片中经常能看到的罗马帝国竞技场的一角。要想知道罗马帝国昔日的繁盛，从这小小的竞技场一角便能窥见一般了。

竞技场表演的节目多种多样，野兽相搏便是其中一种。例如野牛与熊互斗，先把两兽用绳子分别拴住，为避免野兽跑开，把绳子末端系在地上的柱子上，然后观者在旁边挑拨，使两头野兽互相抓咬撕扯。另外一种表演是由一个或几个斗兽士与豹、狮子或其它野兽角斗，把猛兽打得筋疲力竭后才杀死。如果到后来野兽不但没死，反而把人咬死了，也无关紧要，因为大多数格斗士都是由奴隶充当的。当然也有例外，公元2世纪的罗马皇帝柯摩连是一个特殊例子，他喜欢亲自到竞技场内表演；有一次，他用弓箭从竞技场上的御座上射杀了100只鸵鸟，得意了一阵子。

捕捉野兽 壁画

罗马人将野兽圈住，试图捉住送往斗兽场。此画描绘的就是人兽相斗时的紧张场面。

一般的年头，罗马帝国每年合计要杀死几千头野兽，要把那么多的野兽在竞技场上杀死，那就使不断地输入野兽成为必然。在罗马各行省的竞技场上，一般用当地容易捕捉的兽类(如北欧多用熊和豺狼)，有时用上一头豹或老虎就可算做是特别节目了。但是在罗马，由于斗兽表演需要皇帝下旨方能举办，因而必须使用能突显罗马皇帝君临世界的威严的外来异兽。然而由于输送量如此庞大，所以运来定量的老虎、狮子、象等野兽是相当困难的事。即使拥有现代的交通工具，输送野兽也必定是花费大而困难的工作。因此，古时候以帆船和牛拉大车把野兽从好几百里外运送至罗马，并且每年运送数以千计，一定更加不易。

人兽相搏的壁画

非洲野生动物种类繁多，成群结队，当然是绝佳的捕兽地方，但非洲没有老虎，罗马人只得远赴波斯和印度狩捕。一般每一支驻扎在某一地区的罗马军队都以捕兽为首要任务，当地猎人有时也协助捕捉。当时的人捕捉野兽时，旨在捕兽，所以施用饵诱或设陷阱等方法用尽，全然不顾滥捕滥杀。有一个方法是把酒倒入小水洼中，等动物出来喝得醺醺然或醉倒的时候，很轻松地就可用绳捆绑了。另一个捕兽方法是把一只小动物丢进挖好的坑中，利用小动物的惊叫把狮子、老虎等大食肉兽引来，这些野兽一旦落入坑中，便立刻被诱入装有诱饵的笼里。有时也用这种方法来捕捉大象。

捕获野兽后要由陆地和水路运送到罗马。为避免野兽中途死亡，如若是从陆路运送，总要停在好几处地方休息一周左右，因为被关在牛拉的笼车里的野兽，一路颠簸，极易消瘦劳累，要休息些许才能恢复。皇帝诏令罗马帝国境内所有城镇，必须无偿为运兽车队提供食物。即便这样，大多数野兽不是中途死了，便是运到罗马时已羸弱不堪，奄奄一息。那些在罗马时仍活着的野兽都被送至御兽园以生肉喂养，使之保持凶猛状态。最后，把整群养精蓄锐的野兽驱入满是坡道、笼子和大升降台等设施的竞技场地下室。不过，进入竞场后能活着回来的野兽就没多少了。

斗兽浮雕

吐火怪

这只青铜像塑造的是一只狮头、羊身、蛇尾的吐火怪，可见罗马人对动物的喜爱和勇猛好斗的性格。

古罗马斗兽场遗址

玛雅文明为何如此先进?

MA YA WEN MING WEI HE RU CI XIAN JIN

智慧的玛雅人创造了灿烂的玛雅文明，但直到1576年，由于西班牙王室使者迭戈·加西亚的发现才使得在中美洲丛林中沉睡达几个世纪之久的玛雅文明浮出水面。几个世纪以来的研究表明,玛雅文明已达到了令人吃惊的先进程度。

公元前1000年，玛雅人在危地马拉、洪都拉斯、墨西哥等地过着定居的农业生活，从此，玛雅文化开始形成。

据研究,玛雅人有独特的年表体系,他们把各个重要的历史日期记载在石碑、绘画里，甚至陶器上，通过对年表象形文献的分析研究,人们能准确地知道发生的历史事件,知道在玛雅各个城市中几个主要历史人物的名字及其出生、登基、去世的日期和地名。

根据传统的年表，玛雅文化史可划为三个阶段:(一)前

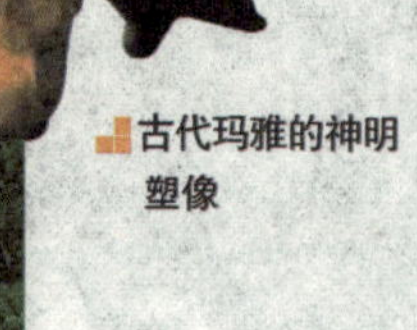

古代玛雅的神明塑像

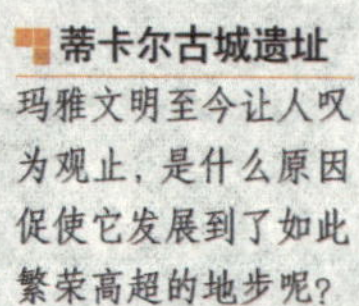

蒂卡尔古城遗址

玛雅文明至今让人叹为观止，是什么原因促使它发展到了如此繁荣高超的地步呢?

古典时期，约从公元前1500年到公元317年；(二)古典时期，从公元317年到公元889年；(三)后古典时期，从公元889年到1697年，至此，最后一批有组织的玛雅人被西班牙人征服。在不同的时期，玛雅文明呈现出不同的特征。

在前古典时期，已经出现了玛雅历法。南部玛雅人在制作陶器、石雕艺术等方面取得了巨大的发展。中部玛雅人建有房基，也制作陶器；建有拱顶和添加灰浆的毛石工程；还竖有一系列初期的古碑。北方玛雅人不仅可以制作简陋的原始陶器，而且还建有大型的宗教中心。

大约在公元元年前后，玛雅人独立地创造了象形文字。玛雅人以石碑作年鉴，每20年立一块石碑，以记载发生的重大事件。令人遗憾的是，用玛雅文字撰写的典籍都被西班牙殖民者入侵美洲时当作“异端邪说”而烧毁了。现得以幸存下来并公认的只有3本，即《玛雅三抄本》。

另外，玛雅人也十分精通天文学，他们能准确地预测到日食、月食，并计算出金星公转的周期，其数据的精确度超过同时期的中国和欧洲。他们还制定了太阳历，将一年分为18个月，每月20天，外加5天的1个月，共计19个月计365天，对时间的计算其准确度超过了当时世界上通用的格列历。玛雅人在数学上也成就斐然。早在公元前3000年，玛雅人就发现和使用了0这个数字，这比世界上其它民族要早800年。

在古典时期，南方玛雅人产生贸易交换并得以繁荣。到后期，除了北方地区之外，大都出现了文化衰退。在中部地区有美丽的彩陶和石雕，还出现了更为精美的毛石工程、加工精细的尖顶石碑雕刻和特佩乌陶器。

在建筑、雕刻和绘画上，玛雅人更是堪称一绝。在他们建造的宏伟壮观的宫殿与欧洲最大的宫殿不相上下，巧夺天工的石砌金字塔、太阳庙堪与埃及金字塔媲美，而且镶嵌在每一建筑物上的巨型石雕精美绝伦而又含意深邃。更有意思的是装饰在建筑物正面的蛇形神面具与中国商朝时代祭皿上的饕餮纹十分相似。

在后古典时期，南方玛雅人被托尔蒂克人征服。这里的玛雅文明出现了陶制塑像，在山岗顶上建有防御工事。后来，北方玛雅人也被托尔蒂克人征服；并在奇钦伊察形成了一个巨大的统治中心，人们崇拜“库库尔坎”——长羽毛的蛇神；制成精致的器皿。奇钦伊察后被遗弃，玛雅人迁都于玛雅潘。

玛雅文明现已成为人类文明史上一颗璀璨的珍珠，尽管它被湮灭在历史的洪流中，然而它的光辉将永远闪耀着。

玛雅人的算术图谱

栩栩如生的彩色土偶

古印加人为何将“空中之城”弃之而去?

GU YIN JIA REN WEIHE JIANG KONG ZHONG ZHICHENG QIZHIER QU

神秘的“马丘比丘”这座空中古城在被废弃了近1个世纪之久后又重新展现在世人的面前,它位于乌鲁班巴河峡谷中,马丘比丘山的山顶,它的雄伟壮丽让世人惊叹不已,但对它的种种疑问也时时萦绕在人们的心头。

根据传说,“马丘比丘”是印加帝国的缔造者曼科·卡帕克的出生地。它位于印加帝国首都库斯科以北118公里处,名字取自它所在的山峰,字面意思是“老山峰”。它三面临河,一面靠着白雪皑皑的萨而坎太山,地势极为险要。正是因为如此,它才躲过了西班牙征服者和天主教士的侵扰与破坏,得以完整保留。

城中建筑极具宗教色彩,凡是磨制光滑、对缝严整的建筑均为神庙,且都配备3扇窗,缝与缝之间没有任何黏合物粘接,连最锋利的刀片也插不进去。墙上的每一块石头都像是在玩拼图一样被巧妙地连接起来,与其它印加遗址的风格大相径庭。

在城市中间的“神圣广

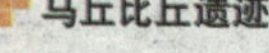

马丘比丘遗迹

鱼形容器

场”，矗立着一座巨大的日晷，马丘比丘人通过它来测定每天的时刻。在古城的一端还有著名的太阳神庙和“拴日

石”，印加人希望用拴日石永远留住他们心中至高无上的神——太阳——万物生命和希望的起源。

勤劳的马丘比丘人还在城堡对面的山峰上筑出一层层梯田，并在每一层上开凿了引水渠，引来雪水浇灌农田，乞望获得丰收。

拥有如此美丽而逍遥的空中之城，马丘比丘人为何离开自己理想的家园？没有任何留恋，没有任何先兆，到底是什么原因呢？很多人认为是因为西班牙征服者的原因。可是，根据历史记载，当年侵略者的铁蹄并未能够踏上这里，并且，考古学家在研究中还发现，早在1533年，西班牙人征服印加帝国之前，马丘比丘人就已经离开了这座美丽的“空中之城”！即使真的是因为西班牙人的入侵，想想印加帝国的雄厚实力，拥有万骑精锐的印加人，居然不敢和100多人的西班牙入侵者作殊死的战斗？这种解释恐怕站不住脚。

今天的考古学家在绵延的安第斯山脉中，陆续发掘到许多印加帝国的遗迹，证明印加人确实是抛弃了他们美丽的家园，而在荒芜的山地中重建了他们理想的国度。

马丘比丘人在云雾缭绕的山顶建造了美丽的空中家园，他们在此安居乐业，可是他们又离开了这方他们赖以生存的乐土去重建家园，到底是为了什么？是上苍的旨意，还是部落之间的侵袭与纷争，还是奴隶们的反抗使其统治坍塌了？目前没有任何证据能解释他们为何弃家而去，印加人和马丘比丘人给人们留下了一道无法解答的难题。

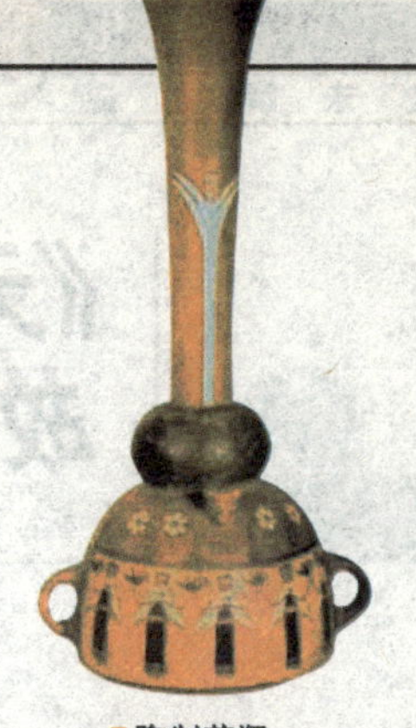

陶制花瓶

坚固的建筑

图中墙上的壁龛是印加建筑共有的特征，可以起装饰作用。印加帝国的砖石匠把石缝做得非常严密，即使地震，石墙仍能回到原位。

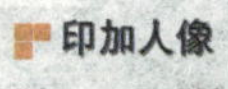

印加人像

《天方夜谭》故事的背景是巴格达城吗?

TIAN FANG YE TAN GU SHI DE BEIJING SHI BA GE DA CHENG MA

世界上最著名的阿拉伯文学作品是《天方夜谭》，又名《一千零一夜》，至今仍对世界各国人民影响深远。那么其中的故事都是以巴格达为背景吗?这一问题引起了很多人的兴趣。

其实，《天方夜谭》中的故事并不是纯属虚构，或者说出于丰富的想像力。这些故事都有一个真实的地方作为依据，而且在那个地方又确实曾经出现过故事中那些人物。事实往往要比故事更出人意料:《天方夜谭》的故事背景，其实是中古时代的巴格达社会。

公元762年，回教阿拔斯王朝建立了城市巴格达，它成

商人远航壁画

一艘由阿拉伯人乘坐、印度船员掌舵的船只正驶向伊斯兰港口。穆斯林商人航行到他们已知的世界的各个地方去做生意。

巴格达城

在这幅描绘巴格达城的图画中，用砖头建造的楼房在底格里斯河东岸拔地而起。作为阿拔斯王朝的首都，巴格达是当时的商业中心。它同时也是《天方夜谭》中的背景城市吗?

穆斯林的大清真寺

为一个从埃及延伸至印度的回教王国首都。当时最有权势的人是阿拔斯王朝第五任君主哈伦·阿拉悉。

哈伦统治下的巴格达城成为《天方夜谭》中许多故事的背景。巴格达是一个非常富有的城市，这儿积聚了与东方贸易赚来的大量财富。据传说巴格达太富有了，以致于在城中不大能找到穷人，就好像在无神论者的家里找不到《古兰经》一样。

当然，哈伦统治下的巴格达人并不是整天享乐，哈伦也并不是老得因娱乐和享受而挥金如土。哈伦虽然颇有才能，受人爱戴，但他的性格反复无常，甚至有时暴戾恣睢，气量非常小，睚眦必报。从他亲手倾覆著名的巴玛基家族一事中，人们可以清楚地看到这一点。巴玛基家族虽信奉回教，却是波斯人的后裔。巴玛基家族3代以来一直都是阿拔斯王朝的忠臣和谏官，并协助国王管理这个回教王国的朝政，他们整个家族的财富也毫不吝啬地供哈伦的宫廷挥霍。

可是，阿拉伯人和波斯人始终水火不相容。公元803年，哈伦突然废掉了他一向极为信任的臣仆，并且命人杀害了长久于私人宴会和宫廷庆典中随侍的查法·巴玛基。

在巴玛基族失宠之后，哈伦很快就遇上了麻烦。他开始面临各族冲突和内乱的威胁，于是哈伦企图将王国一分为二，分给两个儿子管治，借此来平息纠纷。因为哈伦的一个儿子是纯阿拉伯血统，另一个儿子却是波斯女奴所生。但这种分而治之的方法只能是将分裂加剧，而哈伦虽具有一些才能，却不是一位能干的治国人才，再加上没有巴玛基家族协助处理国事，哈伦的王国不久便分崩离析了。

不过，人们从现代回教世界保存下来的古代艺术建筑中，仍能看到哈伦统治时期的光辉。所以难怪那些受过他礼遇的人，借《天方夜谭》的故事来报答他的知遇之恩，使哈伦和巴格达城的名字永垂不朽。

《古兰经》

阿拔斯王朝时期的舞蹈复原图

泰姬陵真的是印度王为爱妃所建吗？

TAIJILING ZHEN DE SHIYIN DU WANG WEIAIFEISUO JIAN MA

中国人不能没有长城，印度人不能没有泰姬陵，作为世界七大建筑奇迹之一的泰姬陵是印度人的骄傲。但是，泰姬陵的设计建造和艺术流派问题，引起了印度国内外学者们的关注和争议。人们尤其感兴趣的是：(1)究竟是谁建造了泰姬陵?(2)泰姬陵是伊斯兰建筑艺术的典范，还是一座印度教神庙圣殿的遗址?从建筑风格上可以看出建造者为谁，而建造者的身份又决定了他的建造目的。所以，这后一个问题耐人寻味，很多人对此纷纷发表看法，并做了新的探究。

泰姬陵始建于1631年，由来自中亚各地、波斯、土耳其、印度和欧洲国家的建筑师和工匠参与建造。

陵园的构想和布局是一个完美无比的整体，它充分向人们展现了伊斯兰建筑艺术的庄严肃穆、气势宏伟和

泰姬陵

富于哲理。那么，谁是这一宏伟壮观杰作的设计和建造者呢？目前，对于这座建筑物的设计者和艺术风格流派问题，大致有3种说法。

一为“波斯伊斯兰说”。数十年来，《大英百科全书》的作者一直认为，泰姬陵的建造者是沙·贾汉皇帝。主要设计者是波斯人(一说土耳其人)乌斯泰德·伊萨，由他负责全部事务，没有一个印度人参与构思。

二为“欧亚文化结合说”。这一说法的代表人物是英国旧牛津学派的印度史学家密斯。他认为，泰姬陵是“欧洲和亚洲天才结合的产物”。意大利人吉埃落米莫·维洛内奥和法国建筑师奥斯汀·德·博尔多等诸多欧洲文艺复兴时代的建筑大师均参加了设计，且在艺术风格上颇受西方影响。印度穆斯林史学家莫因·乌德一丁·艾哈迈德驳斥了这种说法，他在1904年写的一本题为《泰姬陵的历史》中完全否认这座具有典型的伊斯兰艺术的建筑物是出自西欧文艺复兴时代大师们的构思。

泰姬陵清真寺

三为“主体艺术印度说”。持这一看法的学者中，有已故的印度著名史学家马宗达(公元1888～1980年)。他说，在探讨这一设计功劳归于谁时，不应忘却印度自身的因素。泰姬陵的平面图和主要特点与苏尔王朝舍尔沙陵墓和莫卧儿胡马雍的陵墓，在建筑上有师承关系；就建筑材料——纯白大理石及其上面的宝石镶嵌工艺水平而言，在西印度的拉杰普特艺术中早已存在，不能把此陵的设计和建造完全归功于波斯的影响和支持作用；由于莫卧儿时代对西方已开放，东西方文化交流日趋扩大，西方艺术的某些因素可能会对印度建筑风格带来影响，这也是符合历史逻辑的。

时至今日，这3种说法还是让人难辨谁是谁非，然而不论怎样，泰姬陵在印度人民心目中的地位不会因此而有丝毫的改变。

泰姬陵寝宫

吴哥古城建立和淹没之谜

W U GE GU CHENG JIAN LIHE YAN MO ZHIMI

吴哥古城大约建于12世纪前半叶吴哥王朝全盛时期，当时，高棉国王苏利耶跋摩二世信奉婆罗门教，为了祭祀“保护之神”毗湿奴，便建造了著名的吴哥窟(也称小吴哥)。吴哥古城独特而永久的魅力吸引了全世界的目光，它与埃及金字塔、中国长城、印度尼西亚的婆罗浮屠并称为“东方四大奇观”。

大吴哥位于吴哥窟的北部，是阇耶跋摩七世统治时期建造的新都。吴哥城规模非常宏伟壮观，护城河环绕在周围。城内有名式各样非常精美的宝塔寺院和庙宇。在吴哥城的中心是巴扬庙，它和周围象征当时16个省的16座中塔和几十座小塔，构成一组完美整齐的阶梯式塔型建筑群。

重现于世的吴哥古迹，具有独特和永久的魅力，这使世人为之倾倒、赞服，同时又使人们产生了无穷的遐想和许多

吴哥窟寺庙中心的圣塔

吴哥窟

疑点。由于有关柬埔寨中古时代的史料极其缺乏，所以这些疑点就成了千古之谜。

疑点之一是，何人建造了美妙绝伦的吴哥古城？它的每一块石头都是精雕细琢，遍布浮雕壁画，其技巧之娴熟、精湛，想像力之丰富、惊人，使人难以置信，以致于长时间流传吴哥古迹是天神的创造，不可能出自凡人之手。在垒砌这些建筑时，没有使用黏合剂之类的物品，完全靠石块本身的重量和形状紧密相接，丝丝入扣。时至今日，吴哥古迹的大部分建筑虽历经沧桑，却仍岿然不动。吴哥古迹充分向人们展示了柬埔寨人民高超的艺术才能和过人的智慧。

疑点之二是，通过对吴哥城的规模进行估计，在这座古城最繁荣的时候，至少100万居民生活在这儿。可是为什么这样一座繁荣昌盛的都城竟然淹没在茫茫丛林里呢？它的居民为什么都不见了呢？有人猜测，流行瘟疫或霍乱之类的疾病，使他们迅速地在极短时间内全部死去；还有人猜测，可能是外来的敌人攻占这座城市后，将城里的所有居民赶到某一地方去做奴隶了。

疑点之三是，在柬埔寨历史上放弃吴哥是一个具有重要转折意义的事件，它标志着一度强大的吴哥王朝的瓦解。那么，是不是有别的因素呢？中国有一些学者认为，这种结局与暹罗人的不断入侵有关，这使得高棉人做出了撤离吴哥的最终决定。自从暹罗人不断强大后，使高棉人蒙受了深重的灾难和巨大的损失。日益衰竭的国力使高棉人无法应付暹罗人的挑战，只好采取回避的方法。O·W·沃尔特斯博士也有相似的看法。但是他认为，吴哥王朝的衰弱和抵抗力的丧失，并非完全是暹罗人所造成，而是高棉王族之间内部矛盾斗争发展的结果。这时，暹罗人入侵，从而导致了吴哥王朝放弃古城之举。

15世纪上半叶，吴哥王朝被迫迁都金边，曾经繁华昌盛的吴哥城，杂草灌木丛生，逐渐被茂密的热带森林淹没。从此，它留下了一系列的问号和悬案，有待后人去探索研究。

吴哥城中的岩石

丝棉树的树根和岩石生长在一起，仿佛和石头融合了。

吴哥人失踪之谜

20世纪一份杂志的封面。传言是外星人将吴哥城居民移送到了太空，留下一座空城让后人猜测不已。

《源氏物语》的作者是日本皇宫中的一个寡妇吗？

YUAN SHI WU YU DE ZUO ZHE SHI RIBEN HUANG GONG ZHONG DE YIGE GUA FU MA

日本文学史上最早、最优秀的长篇小说是《源氏物语》，它影响了整个日本的文学发展，被人们誉为世界文学长廊的经典之作。

这本书虽然是日本文学的奠基之作，但对本书的作者人们所知甚少，甚至都不知道她的真实姓名。一般人把她称为紫式部，主要是因《源氏物语》女主人公紫姬为世人流传，而其兄长又曾任式部丞一职，此名即是集紫姬的紫及式部的官衔而得名的。她之所以不愿透露真实姓名，最主要的原因是她是11世纪时晶子宫中的一位女官。当时贵族妇女的名字除了公主之外，一般是不公开的。尽管她的大部分具体事迹和她的姓名仍然是个谜，但许多学者已在过去数百年间对她的生活方式和生平勾画出了一个十分清晰可靠的轮廓。其中部分资料，从《紫式部日记》中取材。这部日记她写了4年之久，至今仍然保留着，其内容不是十分明确。

宫妃使用的化妆盒

紫式部出身于势力极大的藤原家族旁系的一个家庭。她大约在公元1000年与御林军军官藤原宣教结为夫妇，生下一个女儿。藤原在结婚一两年后就去世了。

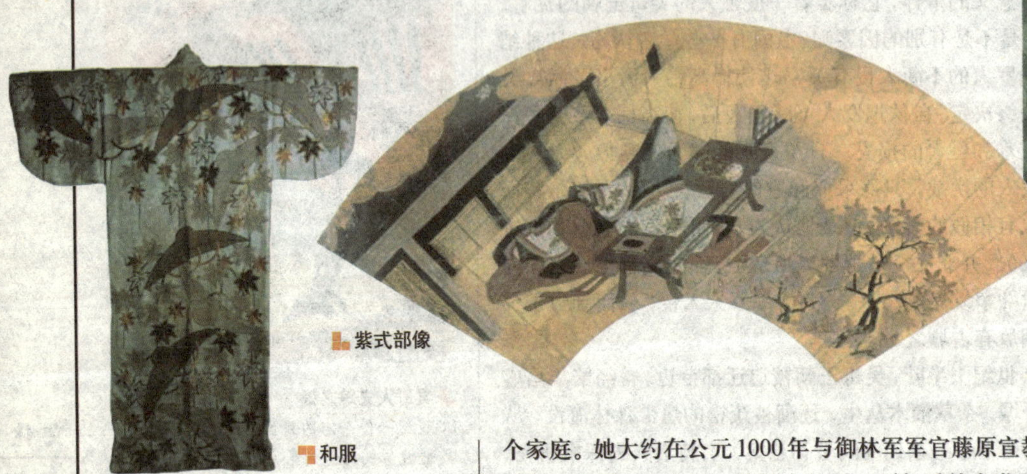

紫式部像

和服

年纪尚轻就已经成了寡妇的紫式部在家中静居，相传《源氏物语》就是在这时开始动笔写的。她通过父亲的关系在1005年或1006年进宫做了女官，主要是给一条天皇19岁的皇后晶子讲解白居易诗及《日本书纪》。一条天皇于1011年驾崩后，晶子便和她的侍女搬往一座较小的宫殿。

《源氏物语》对许多文学工作者而言，最不理解的一点，并不是作者的隐姓埋名，而是作者竟是一个女人。当时的妇女，即使是贵族也没有几个能看明白文学著作，更不用说执笔进行创作了。那么一名女子又如何能写出日本最伟大和最早的小说呢?不过，较之有关紫式部的其它谜团，这点很容易解答。在那个时代，汉文多是日本男人阅读、书写的内容。汉文在当时是标准文字，日文则只用在日常琐务方面以及供女人使用，故而用日文书写的大体上是女人。

日本叙事画中的天皇与爱妃

与其它小说相比，想像力丰富和规模庞大是《源氏物语》的特色。全书大致围绕年轻皇子光源氏和他周围各色人物展开情节。在丈夫死后，紫式部可能要找点事做以打发时间，因而着手写《源氏物语》；随后她入宫侍奉晶子皇后时，仍没有间断写作。

《源氏物语》屏风画

尽管紫式部的身份正逐步浮出水面，但有关《源氏物语》的许多细节仍然是一个谜团，比如紫式部多大了，什么时候完成《源氏物语》等问题还是不能确定，人们只能这样想，距今大约1000年前，日本一位文静腼腆的少妇把砚笔墨纸备好，握笔蘸墨，写下了“不知何朝何代……”

莎士比亚剧中的“黑肤夫人”原型是谁？

SHA SHIBIYA JU ZHONG DE HEIFU FU REN YUAN XING SHISHUI

莎士比亚是欧洲文艺复兴时期最著名的剧作家。莎士比亚一生创作了包括《哈姆雷特》、《李尔王》、《奥赛罗》等剧在内的许多惊世骇俗的剧作，并以其独到的表现手法和深邃的思想内涵享誉全球。除此以外，他所创作的十四行诗，也以其隽永、清新的风格在世界文坛上独树一帜。

“黑肤夫人”就是莎士比亚十四行诗中颇令世人注目的一个形象。

作家笔下的“黑肤夫人”是一位绝色美女，极具诱惑力。后人挖空心思想弄清楚这位黑眼睛、黑皮肤、黑头发的“黑肤夫人”的生活原型到底是谁。

莎士比亚像

17世纪版画中描绘的伦敦景象

画面右端为著名的伦敦桥，左上端为耸立在伦敦西侧的圣保罗大教堂。

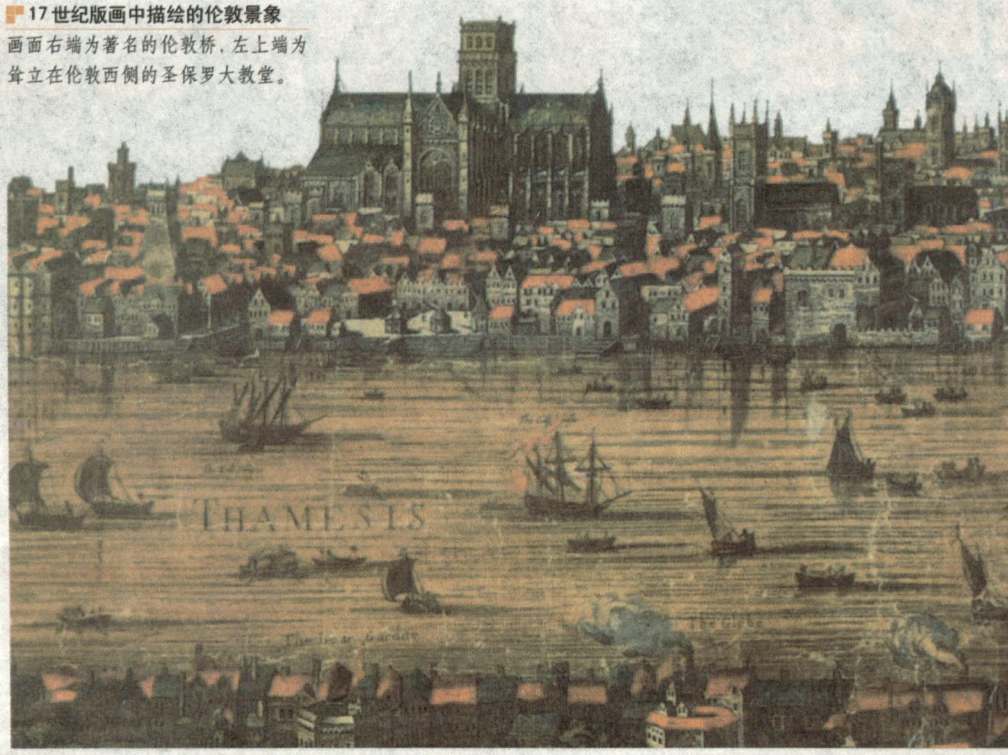

西方一些研究者认为，那位迷人的“黑肤夫人”就是位于斯特拉特福与伦敦之间的一家客栈老板的妻子。

因为莎士比亚诗中描绘的内容与这家客栈的情形相当吻合，而且私下里客栈老板的儿子曾自称是莎士比亚的私生子。

但经过调查研究后，研究者们发现，那家客栈在“黑肤夫人”问世之时并不存在。显然这在时间上就有些出入。

大部分人认为，宫女玛丽·菲顿就是作品中“黑肤夫人”的原型。玛丽·菲顿是美艳照人、放荡不羁的佳人，许多风流男子及达官显贵与她的关系都极为暧昧，她经常无所避讳地跟她的小情人幽会。后来尽管被逐出王宫，但她一刻也没有停止对浪漫、风流的追求。

但是，“黑肤夫人”是一位有夫之妇，身份与独身的玛丽·菲顿大相径庭。

也有一些人认为，其实，莎士比亚的妻子安娜就是“黑肤夫人”，安娜在莎士比亚的眼中是最多情、最美丽、最令人销魂的女子。真相到底如何呢?那就不得而知了。

装有莎士比亚画像的饰品

让人浮想联翩的是，莎士比亚握着的女士的手到底是谁的?

凡·高画过多少幅《向日葵》？

FAN GAO HUA GUO DUO SHAO FU XIANG RIKUI

凡·高(公元1853～1890年)是荷兰画家，现代印象派绘画艺术的杰出代表。

《向日葵》是凡·高的代表作之一，但终其一生共画过多少幅油画《向日葵》呢?据不精确的统计，约有6幅。早先凡·高画过4幅油画《向日葵》，画面上的向日葵数目不一，其中一幅画面上只有3朵向日葵，另一幅画面中有5朵向日葵，另2幅画面中分别有12朵和14朵向日葵。其中画有14朵向日葵的那幅画于1888年创作，它也就是曾被认作凡·高所作并拍得3950万美元的那一幅油画《向日葵》。

享誉法国画坛的法国印象派画家高更(公元1848～1903年)与凡·高相交甚密，他向凡·高索画，凡·高便把画面上向日葵为12朵的画和画面上向日葵为14朵的画送给了高更，得到这两幅画后高更非常兴奋。见高更如此欢喜，凡·高于是又画了两幅《向日葵》送给了高更。至此，凡·高所画的6幅《向日葵》油画作品应该已经齐全了。这个数字与凡·高的书信中所提到的共有6幅《向日葵》这个数字完全符合。

1911年，即凡·高谢世11载后，在法国巴黎的一个画展上，一幅署名为凡·高的油画《向日葵》引起了人们的关注。这幅作品的拥有者是与凡·高同时代的法国三流画家许费纳克。当时，没有一个人怀疑它是伪作。

向日葵 油画

阿尔的吊桥 油画

在阿尔生活期间，凡·高创作了多幅《向日葵》，是其创作的高峰期。

凡·高自画像

1987年，在一次拍卖会上日本安田保险公司见到了这幅凡·高名作《向日葵》，便把这幅稀世名作以当时世界第一高价3950万美元拍得，震惊了整个画坛。当时，这幅画的拥有者是切斯特·贝蒂家族。

但是，英国人诺曼经过调查研究，在10年之后发布了振聋发聩的消息，他指出：被日本安田保险公司拍得的这幅凡·高名作是出自三流画家许费纳克之手的赝品，并非凡·高所画。诺曼称，因自己的画无人赏识、少人问津，许费纳克为证明自身的价值，证明自己的水平，曾一度痴迷于模仿名师名画，其以假乱真程度，连绘画鉴赏家都没办法识别。

有意思的是，虽多家报纸转载报道了诺曼的上述怀疑，这幅《向日葵》的主人——日本安田保险公司却没有任何反应。这不仅是因为对此说安田保险公司本身持有怀疑，就连一般读者也抱有怀疑：证据不充分。

有3点原因：其一，没有充分证据表明凡·高究竟画过几幅《向日葵》，虽在信中梵高提到过“6”这个数字，在以后凡·高会不会再画一幅《向日葵》或者更多就不得而知了。其二，称日本安田保险公司所拥有的《向日葵》是许费纳克伪造的，证据也不充分，仅限于猜测而已。一个三流画家是否能造出大师手迹值得怀疑。其三，许费纳克与切斯特·贝蒂家族究竟有何关系?1901年许费纳克在巴黎展出的这幅画与日本安田保险公司拍得的那幅《向日葵》是否是同一幅画呢?

这终究还是一个谜，谜底仍有待于后来人揭开。

高更像

意大利 比萨斜塔为何斜而不倒?

YIDA LIBISA XIE TA WEIHE XIE ER BU DAO

意大利比萨市奇迹广场上的比萨斜塔是著名建筑师那诺·皮萨诺建造的，1173年8月9日，工程正式开始。比萨斜塔奇特的结构和宏伟的外观很快吸引了众多游人，它与大教堂、洗礼堂和公墓构成了比萨“奇迹区”。原设计塔高为100米左右，但动工五六年后，建好的3层塔身开始倾斜，斜塔完工后，倾斜仍在继续。截止到现在，塔顶已南倾(即塔顶偏离垂直线)5.3米。

在实际工作中，许多有关专家对比萨斜塔的全部历史以及塔的建筑材料、结构、地质、水源等方面进行充分的研

比萨主教堂

比萨斜塔全景

究，并采用各种先进的仪器设备进行测试。比萨中古史学家皮洛迪教授研究后认为，建造塔身的每一块石砖都是一块石雕佳品，石砖与石砖间的粘合极为巧妙，有效地防止了塔身倾斜引起的断裂，成为斜塔斜而不倒的一个因素。但他仍强调指出，现在当务之急是弄清比萨斜塔斜而不倒的全部奥妙。

毫无疑问，比萨塔的倾斜与土质有密切关系。早在19世纪，建筑师拉德斯卡通过在斜塔地基中钻孔取样，证实土壤条件是塔身倾斜的原因。据此，一些专家研究后推测，比萨塔的倾斜在建筑师意料之中，几百年来斜塔斜而不倒与设计、建筑者有关。这种观点在当时盛行一时。

观测该塔的专家盖里教授根据比萨斜塔近几年来倾斜的速度推测出如果按此倾斜速度计算，而又不在某些部位承受特殊的压力下突然坍塌，斜塔将于250年后因塔身的重心超出塔基外缘而倾倒。但是公共事务部比萨斜塔服务局的有关人员针对盖里教授的看法进行了反驳，认为只按数学方式推算是不可靠的，比萨斜塔是“一个由多种事实交织成的综合性问题”。另一些研究者调查发现比萨斜塔塔身曾一度向东倾斜，尔后又转向南倾斜，他们同样认为该塔在过去几百年间斜而不倒，250年后倒与不倒恐怕不能局限于简单的假设和预测。

当然，最关心斜塔命运的自然是比萨人，尽管他们也对斜塔的倾斜感到担忧，但更多的是骄傲和自豪，为自己的故乡拥有一个可与世界上著名建筑相媲美的斜塔而感到自豪。他们坚信它不会倒下，他们有这样一句俗话：比萨塔像比萨人一样健壮结实，永远不会倒下去。他们对那些把斜塔重新纠直竖正的建议最为深恶痛绝。说来也怪，每当专家们采取加固斜塔地基的措施时，塔的倾斜速度反而加快。如1934年，在地基及四周喷入90吨水泥，实施基础防水工程，塔身反而更加不稳，向周围移动，倾斜得更快，1973～1975年，政府关闭了斜塔方圆3公里以内所有私人水井并禁止其他方法取用地下水，塔的倾斜速度放慢下来了。

可以看出，比萨人的自信也许过分些，还是皮洛迪教授的看法现实些：只有弄清斜塔斜而不倒的奥妙才能“对症下药”。人们正为此而做出不懈的努力。相信不久的将来，比萨斜塔为何斜而不倒将不会作为困扰人们的疑难问题而存在。

比萨斜塔

比萨斜塔设计为8层，塔直径约16米，共有213个拱门。

美丽的意大利风光

意大利涌现了不少建筑杰作

6

世界历史未解之谜

宫廷

Royal Court

古埃及金字塔仅仅是法老的葬身之地吗？

GU AIJIJIN ZITA JIN JIN SHIFA LAO DE ZANG SHEN ZHIDIMA

金字塔是人类文明史中的一项伟大奇迹，更是永恒的谜团，数千年以来，它矗立在古老的尼罗河畔，迎曙光，浴暮霭，闪着神奇的智慧之光。然而，关于金字塔的起源问题，经过历代学者的激烈的论争，至今仍众说纷纭。

在中世纪，很多作家都认为，在埃及粮食充裕时期，金字塔是用来储藏粮食的大仓库。近几年来，金字塔被人描述为与日晷仪和日历、天文观测台、测量工具甚至与神秘的外星生命相联系的东西，把金字塔当作天外宇宙飞船的降落点。

然而，大部分有声望的埃及学者认为金字塔是法老们的坟墓。这一理论也最能被人们所广泛接受。金字塔散布于尼罗河的西岸，根据埃及神话，这里与通往来世的路途相通。考古学家们在金字塔附近发现了许多在葬礼仪式中使用的小船，据说，这些小船就是法老们驶向来世的工具。

许多金字塔中都有石棺或木棺，这早已被证实。19世纪之前，在石棺上或在石棺附近发现的神秘图画被确定为用来帮助法老们从一个世界通往另一个世界的咒语。

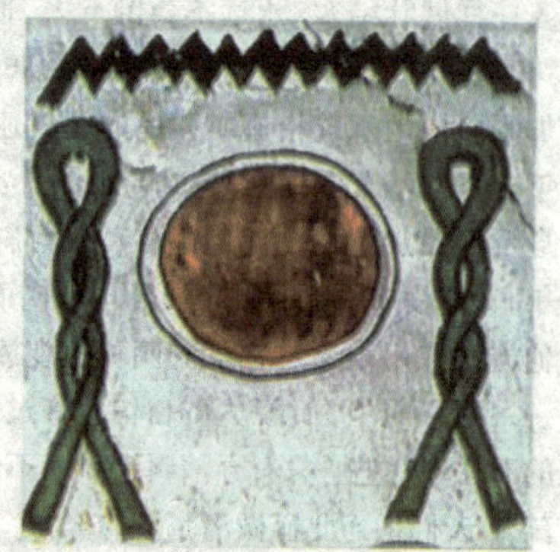

神秘的文字

三个象形文字符号在古埃及语中意为“永恒”

然而，一个铁的事实却让坟墓理论缺乏了最主要的依据，就是学者们在金字塔中找不到法老们的尸体，而且许多法老好像建造了不止一个金字塔。

胡夫金字塔

20世纪著名的物理学家库尔特·门德尔松坚持认为法老们建造金字塔的目的是在到处是散落的部落的时代巩固埃及的国家地位，而金字塔不是坟墓。门德尔松的理论使坟墓理论不能解释的问题得以解决。

还有一些人认为金字塔中没有尸体，却有大量的陪葬品，说明金字塔是衣冠冢——死去的法老们的纪念碑，但不是他们真正的坟墓。

绝大多数埃及学者仍然认为，尽管金字塔也具有其它用途，但它们首先是作为坟墓而被建造的。它们的周围环绕着其它坟墓，这些坟墓的主人在当时的地位都在法老之下。

另外，关于金字塔的一个折中的观点认为，金字塔可以被理解为古代建筑进步的标志之一，这一种建筑从矩形、平顶、砖泥结构的坟墓开始，今天我们称之为古埃及墓室(里面曾经发现过尸体)。然后，建筑师们开始把一个平顶结构垒在另一个上，这样就建成了今天被我们称为“台阶式金字塔”的建筑物，其中最著名的那些现在仍坐落在撒哈拉地区开罗南部。

几乎所有的延续了埃及文明的东西都关系到了死亡，死亡好像成了他们宗教、文学的限定力量。法老们认为，他们的目的不是今生而是来世，不管是通过小船、台阶还是借助太阳光，只要能成功即可。因此，金字塔被设计成能存放他们遗体的式样，也就是坟墓，这是目前一种最合理的推测。

不过科学是永无止境的，历史在延续，人类的天性在于探索无限的未知世界，随着科学的发展，随着探索者们坚持不懈的努力和灵感的产生，金字塔之谜一定会真相大白，也许一个新的、不为人知的理论又摆在世人面前，也许又有更多的谜团不能解开，到那时又会怎样呢？

法老门卡乌和妻子立像

古埃及 图坦卡蒙法老是死于谋杀吗？

GU AIJITU TAN KA MENG FA LAO SHISIYU MOU SHA MA

古埃及以其灿烂的文明和神秘的传说吸引了无数历史和考古学者。在开罗南700多公里的尼罗河西岸，埋葬着30多个法老，学者们称之为“帝王之谷”。

1922年，考古工作者在“帝王之谷”内发现了距今3000多年前十八王朝的法老图坦卡蒙的陵墓。图坦卡蒙是著名的阿蒙普特四世(即埃赫那吞)王后尼费尔提提的女婿。这位君主政绩平平，没有什么大作为。他大约于公元前1361年登基，当时年仅10岁，娶了一个12岁的少女。19岁时他便死去了(也有人认为他死时18岁)。这些就是史料传说对他生平的全部介绍。图坦卡蒙的陵墓是迄今为止所发现的最完整、最有价值的古代埃及法老的陵墓。

1972年和1976年图坦卡蒙墓中出土的部分珍贵文物先后在伦敦、华盛顿展出，吸引了成千上万的欧美观众，再次轰动了整个世界。图坦卡蒙又一次成为人们津津乐道的话题。

古老、神秘的图坦卡蒙之墓发掘成功后，人们终于见到基本上完整的法老墓葬，也第一次看到了法老的葬制。

整座墓由前室、墓室、耳室、库室组成。除墓室外，所有的地方都放满了家具、器皿、箱匣等各类器物，其中包括墓主人的宝库。墓中的每件器物，都以金银珠玉装饰而成。在墓室中还发现了两尊真人大小的乌木镀金雕像，据学者们认为是图坦卡蒙的形象。这两尊雕像生动逼真、栩栩如生，充分反映了古代艺术家们高超的技术和丰富的想像力。在8年的挖掘过程中，卡

图坦卡蒙法老的黄金面具

特在墓中发现了2000多件文物，墓中奇珍异宝非常丰富。

图坦卡蒙的木乃伊被密封在重重的棺椁之中，在棺材外面的4层是涂金的木椁。最里面的是黄金打制成的棺椁。当揭开裹在木乃伊脸部的最后一层亚麻时，人们突然发现图坦卡蒙的脸上靠近左耳垂的地方有一处致命的创伤，创伤是怎么造成的?凶手是谁?这一切都成了谜。

我们结合一些文献史料的记载和刚出土的壁画文物可以大体得知：由于图坦卡蒙登基时年纪非常小，只是同老臣阿伊共掌大权。他在19岁时突然死去。在他死后，他的年轻皇后请求赫梯王派一王子与她完婚。可是赫梯王子在来埃及途中被人杀害。接下来，老臣阿伊继承了王位。

可是，我们从这些零散的资料与传说中无法揭开图坦卡蒙猝死之谜，谜底在哪里?也许仍长眠于尼罗河充满神奇色彩的土地下，我们只有期待更多的出土资料来揭开这个谜底，也许会由此发现更多不为人知的谜团，从而为世人留下更多的悬念、无限的遐想。

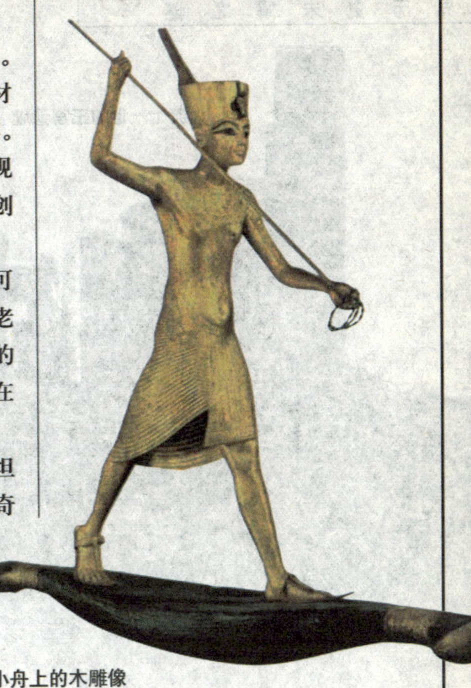

图坦卡蒙在小舟上的木雕像

神秘的帝王谷风光

骑牛车的努比亚公主

一位努比亚公主乘着由两头牛拉的战车，她的随从们手捧着金指环、豹皮以及其他礼物，将其敬献给古埃及第十八王朝法老图坦卡蒙。

图坦卡蒙的黄金王座

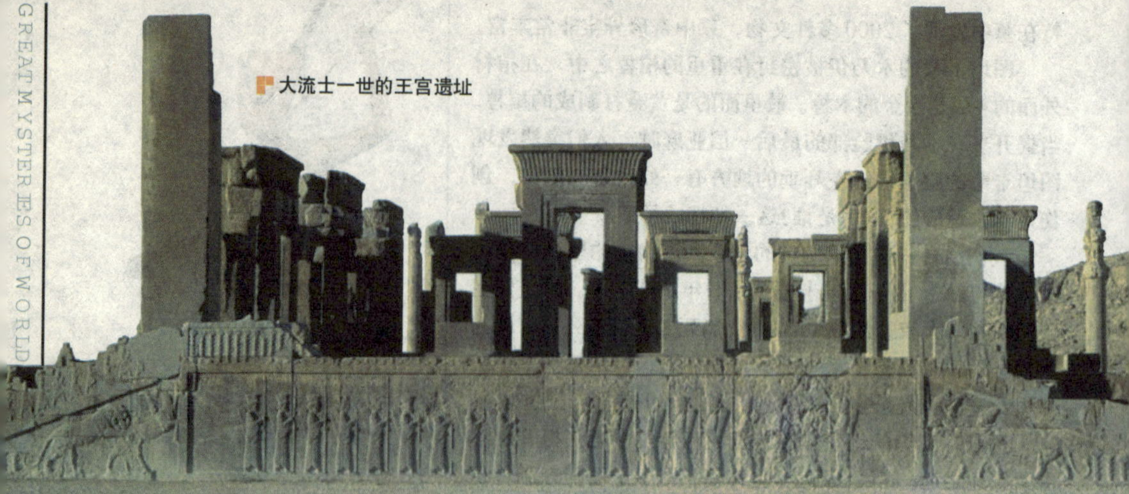
大流士一世的王宫遗址

“万王之王”大流士是怎样获得波斯王位的？

W AN W ANG ZHIW ANG DA LIU SHISHIZEN YANG HUO DE BO SIW ANG W EIDE

被尊称为“万王之王”的大流士登上王位的手段到底是怎样的呢?有一天，冈比西斯过去的一个王妃发现新皇帝没有耳朵。她把这件事透露给了她的父亲、大臣欧塔涅斯。欧塔涅斯立即断定新皇帝是僧侣高墨达，而不是巴尔迪亚。因为在居鲁士当皇帝时，曾因高墨达有过失而将他的双耳割去。欧塔涅斯立刻将真情告诉了另外的6名波斯贵族，以后的皇帝大流士一世就是其中的一员。他们决定发动一次政变，把高墨达杀死以夺回政权。

这7个大臣先是派人在首都到处散布新皇帝是高墨达而不是巴尔迪亚的消息。很快，假巴尔迪亚的消息便在京城传开。

高墨达发现真相败露之后，十分惊慌，马上逃到米底的一个地方，最后被大流士和欧塔涅斯等人杀死。

根据希罗多德的《历史》记载，当7个起义的贵族把局

大流士接受贡物浮雕

势平定之后，在讨论波斯的统治权的时候，欧塔涅斯第一个发言说：“我认为应该停止一个人的独裁统治，因为这既不是一件快乐的事，也不是一件好事。当一个人愿意怎样做便怎样做而自己对所做的事又可以毫不负责的时候，那么这种独裁的统治有什么好处呢？把这种权力给世界上最优秀的人，他也会脱离他的正常心情的……相反，人民统治的优点首先在于它那美好的名声，那就是，法律面前人人平等。其次，那样也不会产生一个国王所易犯的错误……任职的人对他们任上所做的一切负责，而一切意见均交给人民大众加以裁决。因此我的意见是，我们废掉独裁政治并增加人民的权利，因为一切事情是必须取决于公众的。”美伽比佐斯则主张实行寡头统治而反对民主制。大流士则主张独裁。他说：“没有什么能够比一个最优秀的人物的统治更好，他能够完美无缺地统治人民，为对付敌人而制定的计划又可以隐藏得最严密。”他接着论证了民主或者寡头制由于互相争斗都会最终导致独裁，结果，大流士的意见以4比3而获得通过，在决定由谁当这个独裁者的时候，7个贵族还约法三章：第一，欧塔涅斯明确表示未来的国王不能支配他及他的后代，相反，每年都要给予其奖赏；第二，7个人不经通报就可以进入皇宫，当然，国王正在和一个女人睡觉时除外；第三，国王必须在同谋者的家族里挑选妻子。

他们进行了一次比试，在一个清晨他们来到市郊，据说因为马夫在那个时候把摩擦过母马阴部的手放到了大流士的马的鼻子上，结果大流士的马首先嘶鸣起来。根据约定应由大流士当国王。

大流士自从坐稳王位以后，为自己树立了一个石碑，石碑上面有这样的句子：

“叙斯塔斯帕之子大流士，由于他的马和他的马夫欧伊巴雷的功绩，赢得了波斯帝国。”

和他一起杀高墨达的那几个大臣，这时都不敢提出异议了。其中有个叫尹塔普列涅的大臣因不识时务而冲撞了大流士，结果其全家都被大流士杀了。

大流士在公元前500年发动了对希腊的战争。在公元前490年的马拉松战役中，希腊人把波斯军队打得大败。10年后，大流士的儿子薛西斯第二次远征希腊又惨败而归。从那以后，波斯帝国逐渐走向衰落。

大流士一世雕像

在它的袍子和垫子上，用四种文字刻着大流士的名字。

马其顿亚历山大大帝死于谁手？

MA QIDUN YA LISHAN DA DA DISIYU SHUISHOU

亚历山大大帝一生纵横无敌，他曾率领马其顿希腊联军发起对波斯帝国的远征，用近10年的时间把东方广大地区征服，从而建立了横跨欧、亚、非三大洲的庞大帝国，然而，这位纵横天下的大帝于公元前322年夏在巴比伦猝死，他到底死于什么原因呢？

亚历山大头像

生于马其顿都城伯拉的亚历山大大帝(公元前356～前323年)出身于新兴的王族家庭，他的父亲就是腓力二世。他小时候曾拜著名哲学家亚里士多德为师，从而受到良好的希腊文化教育，他16岁就随父出征，从而学得不少军事知识。他公元前336年即位，并先后平定宫廷内乱，制服北方诸侯反叛，击败了希腊各邦的反马其顿运动。公元前334年春，亚历山大带领着他的马其顿希腊联军，穿过赫斯斯湾海峡远征波斯。公元前333年，在小亚细亚伊苏城附近把大流士三世率领的波斯军打得落花流水，并俘获了大流士三世的母亲、妻子。公元前327年夏，利用印度诸国之间的矛盾，亚历山大占领印度西北的许多地区。但是由于当地人民的顽强抵抗以及战士的厌战情绪，再加上当地气温高，瘟疫流

行，亚历山大被迫撤军。公元前324年，亚历山大军队分别从海陆两路回到了巴比伦。

公元前323年夏，亚历山大突然暴病而亡，这时他正准备着一次新的远征。是何种疾病夺去了亚历山大的生命?史学家们有许多不同的看法。

亚历山大追击大流士的战斗

第一种看法是他死于恶性疾病，苏联学者塞尔格叶夫曾在《古希腊》中提过。在《亚历山大新传》这本书中，美国学者高勒将军认为“亚历山大由于长期在沼泽地区作战而染上恶性疾病，在6月13日晚上发作，从此离开人世”。他来不及留下遗嘱，更没时间指定由谁来继位，持同样看法的还有我国史学家吴子谨教授。

第二种看法是，英国著名史学家赫·乔·韦尔斯认为：“在巴比伦，亚历山大有一回酩酊大醉以后，突然发烧，从此一病不起，不久就死去了。”《大英百科全书》也有这样的看法：“在一次超长的酒宴之后，他突然一病不起，10天之后，即公元前323年6月13日去世了。”

第三种说法是亚历山大为毒药所害。在古希腊史学家阿里安的《亚历山大远征记》中说部将安提帕特鲁送给亚历山大一副药，正是这副药让亚历山大命丧黄泉。还说药是盛在一个骡蹄壳里，由安提帕特鲁的儿子卡山德送到亚历山大那里去，这副药是亚里士多德替安提帕特鲁配的。卡山德的弟弟埃欧拉斯里是亚历山大的御杯侍从。由于亚历山大不久前曾冤枉过他，他一直怀恨在心。但到底是什么原因使得这位正处于人生、事业巅峰的亚历山大大帝一病不起，至今仍让人不得而知，只有让后人面对着他所建立的不朽功勋大发感慨。

亚历山大军队战斗浮雕

恺撒大帝是让私生子杀死的吗？

KAISA DA DISHIRANG SISHENG ZISHA SIDE MA

在《哈姆雷特》一剧中，莎士比亚曾借哈姆雷特之口说“弱者，你的名字叫女人”。而在《裘力斯·恺撒》中，与此话形成鲜明对比的却是他对布鲁图的高度赞扬——“这才是一个真正的男人”。布鲁图何许人也？传说中是恺撒大帝与其情人塞尔维利娅的私生子，也是后来阴谋刺杀恺撒的主要策划者之一。

罗马历史上已有尼禄弑母夺权的事迹，那么布鲁图杀父又是为什么呢？他真的亲自参与了刺杀行动吗？

公元前44年3月15日，在庞培议事厅，当每个谋杀者都向恺撒身上捅刀时，布鲁图也刺了一刀，恺撒对别的刺杀者拼命进行反击，并一面喊叫一面挣扎，然而当他看到布鲁图手里的匕首时，竟然默默地用外袍蒙上了头，心甘情愿地挨刺。另有一些人写道：“当布鲁图向恺撒行刺时，恺撒用希腊语说道：‘是你！我善良的孩子？为什么？’看来，恺撒在将死之时，仍认为布鲁图就是自己的孩子。”

普鲁塔克在给恺撒和布鲁图作传时，是以这些为基调的：“恺撒不但深爱塞尔维利娅而且也爱布鲁图，虽然他不过是私生子。”在普鲁塔克看来，恺撒如此仁慈地对待布鲁图，正是源于这种爱。

布鲁图像

但当恺撒和庞培为争夺最高权力而开始内战时，人们没有料到的是，布鲁图没加入恺撒一方，而是站到处死自己的父亲的庞培一边。尽管如此，恺撒仍爱着布鲁图。他告诉下属，不许在战争中令布鲁图死亡。如果布鲁图投降，就俘虏他，如果他誓死不当俘虏，就随他便，总之千万不可伤害他。

恺撒像

恺撒对布鲁图可谓仁至义尽。普鲁塔克说，假如布鲁图愿意，他甚至可以成为恺撒最亲密的朋友。那么布鲁图到底为何要一向反叛恺撒，甚至一定要杀死他呢?从根本上说，布鲁图与卡西约一伙作为共和派，他们极端仇视君主专制制度。面对有称王企图的恺撒，布鲁图表示了坚决的立场："为国家自由而死，是我们刻不容缓的职责!"

种种迹象表明，大义凛然的布鲁图对恺撒大帝可谓是恨之入骨，积怨不浅。在他心中，恺撒即是暴君的代表，而除暴安良是他作为"真正男人"所必定要做的。刺杀恺撒天经地义。但以上只是作者普鲁塔克的一些主观倾向而已。究竟恺撒大帝身死谁人之手，还有待做进一步的考察。

罗马贸易广场

恺撒建立了罗马广场，并在罗马成为广阔帝国的首都后又在原广场边上另建了一座广场，它呈长方形，周围环绕的是遮掩货摊的柱廊。

表现恺撒被刺死的绘画

尽管事先受到威胁，恺撒还是没带武器便来到元老院，在凶手中，他认出布鲁图——他之前非常信任的人，死前他说到："你也这样，我的儿子!"

埃及艳后自杀之谜

AIJIYAN HOU ZISHA ZHIMI

在埃及，几乎无人不识克里奥帕特拉。她常像诡异壮观的金字塔群一样为众人所津津乐道。这不单得益于她沉鱼落雁、闭月羞花般的容貌和维纳斯般的身段，更得益于她那富有传奇色彩的一生及至今不为人知的死亡之谜。

公元前51年，托勒密十二世逝世后，依照埃及当时法律和遗诏规定，21岁的克里奥帕特拉和小她6岁的异母弟弟结为夫妻，共同执掌政权。公元前48年，在宫廷争斗中失败的她被其弟从亚历山大城逐出去。克里奥帕特拉野心极大，她在叙利亚和埃及边境一带招兵买马，打算重返埃及从弟弟手中夺取王位。

此时，适逢罗马国家元首恺撒追击庞培来到埃及，克里奥帕特拉的一个同党在此过程中为她献计：派士兵扮成商人，把包在毛毯里的女王抬到恺撒的行馆。恺撒打开来看，惊喜万分，在他面前出现的竟是克里奥帕特拉七世——她的美貌立刻使恺撒着迷了。自此，两人共浴爱河，成为一对佳偶。

作为克里奥帕特拉夜闯军营这一“壮举”的回报，她成了埃及女王，独揽大权。克里奥帕特拉不久后便为恺撒生了一个儿子，取名恺撒·里昂或托勒密·恺撒。天有不测风云，公元前44年3月15日恺撒遇刺身亡，她失意地离开了罗马。

公元前31年，屋大维与安东尼在阿克提乌姆海角会战。

公元前30年，屋大维逼近埃及，此时埃及军队发生内乱，安东尼眼看大势将去，便把披甲解去，抽出佩剑，自杀了，时年52岁。

被屋大维活捉的克里奥帕特拉得到她将被作为战利品带往罗马游街示众的消息后，便请求屋大维让她祭奠去世的安东尼。之前，她已把自己的遗书写好了。沐浴后，她用了一顿丰富的晚餐。

沉入海底的克里奥帕特拉狮身人面像

此后，便失落地进入自己的卧室，躺在一张金床上，非常安详地睡去，但从此没有再醒过来。

匆忙赶到的屋大维把她的遗书展开，女王请求把她与安东尼埋葬在一起，对她的自杀屋大维虽然有些失望，但由衷地佩服她的伟大，便依照她的遗书，把她的遗体葬在安东尼身边。

那么她究竟是用何种方法自寻死路的呢？

大多数人认为，女王提前安排将一只藏有一条叫“阿斯善”的小毒蛇的盛满无花果的篮子带进墓中，再让小毒蛇咬伤自己的手臂，因中毒昏迷而死亡。抑或是，女王早就在花瓶里喂养了毒蛇，然后用一支金簪在蛇的身体上刺，引它发狂，直到把她的手臂缠住。持这种观点的人依据考证资料提出：卧室朝向大海的一边开着一个窗户，从这里受惊的毒蛇完全可以溜走。此外，女王的医生证明：“她的手臂上，的确有两个不是很明显的疤痕。”

也有不少人不同意上述两种观点，因为咬伤或刺伤的痕迹没有在死者尸体上发现，在卧室中也没有发现任何有毒的小蛇。他们认为服毒而死的可能性最大。

克里奥帕特拉纪念碑

碑上第二行刻有女王的名字

古罗马硬币（上为安东尼头像，下为克里奥帕特拉。）

克里奥帕特拉之死

亚克兴角海战的失利和安东尼的死，使艳后失去了活下去的勇气。她望着安东尼的尸体，悲痛欲绝。是否此时她死志已决呢？

古罗马皇帝提比略为何选择自我流放？

GU LUO MA HUANG DI TIBILUE WEIHE XUAN ZE ZIWO LIU FANG

古罗马的诸多皇帝在合上眼的那一刻不是轰轰烈烈战死疆场，就是暴虐过度被碎尸万段，要不就是毫无防备遇刺身亡。惟有提比略显得如此另类与安静。喜欢过离群索居生活的提比略直至生命的最后一刻依然驻守在自我放逐之地康帕尼亚。

可是，他为什么自我流放呢？罗马史学家塔西佗认为，提比略自我流放的原因有两个：一是由于提比略手下大将谢雅努斯的阴谋。但是塔西佗考虑到这样一个事实，那就是在谢氏被处死后，他同样离群索居达6年之久，所以另一面怀疑是出于己意，“目的是想借此来掩盖那由于他的行动而昭彰于世的残酷和淫乱”。这可能是其经过深思熟虑和下定决心才实施的。苏托尼乌斯则认为因为提比略的儿子分别不幸在叙利亚和罗马死亡，所以他想独自一人静一静。还有一种说法认为提比略老年时对自己的外貌特别敏感。他长得比较高，肩部下垂，却又瘦得出奇，脑袋上一根头发也没

这个青铜罐上刻有提比略乘车出行的场景

提比略的刀鞘

罗马贵族生活场面壁画

提比略殿遗迹

有，满脸又都长着脓疮，经常涂着各种膏药。当他隐退后已经习惯于不和人们见面，而只是自己偷偷地享乐。

与前述众说截然不同的是，提比略的出走是由于他母亲的专横性格而致。他不能容忍他母亲与他一起共掌大权，但又不可能除掉她。

总地说来，古代人对其放逐的原因侧重在他的体质弱点和伦理道德方面，而近代史学家对此的看法和猜测则偏重于社会和政治方面的考虑。前苏联史学家科瓦略夫认为：“早在公元26年，在病态的对人的厌恶和谢雅努斯的劝说的影响下，提比略离开了罗马。”爱德华·特·萨尔蒙则认为：提比略的目的可能是“第一使他的继承人可以获得经验，第二是为了逃避阿格里帕那的对一个自然海岛堡垒的密谋”。

无论如何，猜测与推断终不能最终得出提比略长期自我放逐的真正原因。自我恐惧也好，心理变态也好，都可能只是诸多原因之一。现在，大量的中外史学家们正在全力以赴地揭开这个谜。至于提比略，只要死得其所，足矣！

卡里古拉像

提比略的甥孙与继承人，为人残暴。提比略的出走与他不无关系。